AF260106

TROISIÈME LEÇON.

Figuration des nombres 1 à 10 avec des chiffres.

Dans le but de rendre les calculs faciles et commodes, on a inventé certains signes ou caractères numéraux, qu'on nomme *chiffres*. Ceux dont nous nous servons s'appellent *chiffres arabes*, parce qu'ils nous viennent des Arabes.

Ces caractères sont:

1, 2, 3, 4, 5, 6, 7, 8, 9,

qui réprésentent

un, deux, trois, quatre, cinq, six, sept, huit, neuf.

Pour représenter le nombre 10, on emploie le chiffre 1 suivi d'un *zéro* (0), de cette manière: 10.

Nous verrons qu'au moyen des signes 0, 1, 2, 3, 4, 5, 6, 7, 8, 9, on peut écrire tous les nombres possibles.

Questionnaire.

Quel nom donne-t-on aux caractères qui représent les signes de nombre?

Comment appelle-t-on ceux que nous employons?

De quels signes de nombre se sert-on pour représenter deux? cinq? huit? dix?

Quels sont les nombres qui correspondent aux chiffres 1, 3, 4, 7, 9.

Exercices.

6. Ecrire les dix caractères dont on se sert pour représenter les nombres.

7. Représenter par des chiffres lés nombres deux, cinq, trois, un, quatre, six, dix, huit, sept, neuf.

8. Représenter par des chiffres les deux nombres qui, dans l'ordre naturel, précèdent et suivent 2, 6, 5, 9, 4, 3, 7.

A réciter.

6. — Les chiffres sont des signes ou caractères spéciaux dont on se sert pour représenter les nombres.

7. — Ceux que nous employons sont au nombre de dix, savoir :

0, 1, 2, 3, 4, 5, 6, 7, 8, 9.

8. — On les appelle chiffres arabes, du nom du peuple qui en fit connaître l'usage à nos ancêtres.

QUATRIÈME LEÇON.

Addition avec les nombres 1 à 10.

Gustave reçoit *trois* centimes de son papa et *deux* centimes de sa maman : combien Gustave a-t-il reçu de centimes ?

Il est évident que Gustave a reçu les 3 centimes que lui a donnés son papa ; plus les deux centimes que lui a donnés sa maman : or,

3 centimes et 1 centime font 4 centimes :

4 centimes et 1 centime font 5 centimes.

Je viens d'ajouter ou de réunir 2 fois 1 centime, ou 2 centimes, à 3 centimes, ce qui a donné 5 centimes. Gustave a donc reçu 5 centimes.

L'opération qui a pour but de réunir deux ou plusieur nombres donnés en un seul, s'appelle *addition*.

5 est la *somme* ou le *total* des nombres 3 et 2 ;

3 et 2 sont les *parties* de la somme ou du total 5.

Pour indiquer que 3 et 2 font 5, on écrit:

$$3 + 2 = 5.$$

Le signe + signifie *plus* et se place entre les nombres que l'on veut additionner.

Les deux traits horizontaux qui séparent la somme de ses parties se prononcent *égale*.

Questionnaire.

Qu'est-ce que l'addition ?

Comment appelle-t-on le résultat de cette opération?

Qu'appelle-t-on parties de la somme ?

Comment indique-t-on une addition.

Quel est le signe de l'égalité.

A réciter.

9. — L'addition est une opération qui a pour but de réunir plusieurs nombres donnés en un seul.

Le résultat de cette opération s'appelle somme ou total.

10. — On appelle parties de la somme les nombres additionnés.

11. — On indique une addition au moyen d'une croix droite qui signifie plus, et que l'on place entre les nombres à additionner.

12. — Pour indiquer que deux nombres sont égaux, on les sépare par le signe $=$ qu'on énonce égale.

CINQUIÈME LEÇON.

Addition avec les nombres 1 à 10 (suite).
Exercices et problèmes.

9. Ajouter le nombre 1 aux 9 premiers nombres.

$$1 + 1 \qquad\qquad 6 + 1$$
$$2 + 1 \qquad\qquad 7 + 1$$
$$3 + 1 \qquad\qquad 8 + 1$$
$$4 + 1 \qquad\qquad 9 + 1$$
$$5 + 1$$

10. Léon à reçu 1 centime et sa sœur aussi 1 centime: combien ont-ils à eux deux?

11. Jules à une pièce de 2 c. et 1 c.: combien a-t-il de pièces? — Combien de centimes?

12. J'ai acheté 3 plumes et j'en avais encore une: combien ai-je de plumes maintenant?

13. Catherine a mangé 4 noix hier et une de plus aujourd'hui: combien a-t-elle mangé de noix aujourd'hui?

14. Si Alice à 5 pommes et qu'on lui en donne encore une, combien aura-t-elle de pommes?

15. Il y a dans la semaine 6 jours ouvrables et le jour du repos: combien de jours en tout?

16. Jacques est le premier de son banc et il y a encore 7 autres élèves sur le même banc: combien d'élèves en tout sur ce banc?

17. Combien valent de jours une semaine et un jour?

18. Georges a 8 ans et Sophie a un an de plus: quel est l'âge de Sophie?

19. Un élève a lu le samedi 9 pages d'un bon livre et le dimanche une page de plus: combien a-t-il lu de pages le dimanche?

SIXIÈME LEÇON.

Addition avec les nombres 1 à 10 (suite).

Exercices et problèmes.

20. Ajouter le nombre 2 aux 8 premiers nombres, d'abord avec ordre, puis sans ordre déterminé.

1 + 2			2 + 2	
2 + 2			4 + 2	
3 + 2			6 + 2	
4 + 2			8 + 2	
5 + 2			1 + 2	
6 + 2			3 + 2	
7 + 2			5 + 2	
8 + 2			7 + 2	

21. Une maison à 2 portes extérieures et 6 fenêtres : combien cette maison a-t-elle d'ouvertures ?

22. Combien de bas dans 5 bas et une paire de bas ?

23. Julie a appris 2 passages et sa sœur autant : combien de passages en tout ?

24. J'ai donné 3 francs à une famille pauvre et 2 francs à une autre : combien ai-je donné à ces deux familles ?

25. Combien font de jours une semaine et 2 jours ?

26. Une ménagère a porté au marché une oie qu'elle a vendue 4 fr. et une poule qu'elle a vendue 2 francs : quelle somme a-t-elle reçue ?

27. Paul a 8 ans et Charles a 2 ans de plus : quel est l'âge de Charles ?

28. Combien font de centimes 2 c. et 1 c. ?

SEPTIÈME LEÇON.

Addition avec les nombres 1 à 10 (suite).

Exercices et problèmes.

29. Ajouter le nombre 3 aux 7 premiers nombres.

1 + 3	7 + 3
2 + 3	5 + 3
3 + 3	3 + 3
4 + 3	1 + 3
5 + 3	6 + 3
6 + 3	4 + 3
7 + 3	2 + 3

30. — La mère de René a 5 poules noires et 3 poules blanches: combien la mère de René a-t-elle de poules?

31. Victor a mangé 3 pommes et autant de poires dans la journée: combien Victor a-t-il mangé de fruits?

32. Combien de jours a duré mon voyage, s'il a duré une semaine et 3 jours?

33. Eugénie recevra 3 pêches à son dîner et 2 à son souper: combien Eugénie recevra-t-elle de pêches?

34. Louise a 4 noisettes dans la main gauche et 3 dans la main droite: combien dans les deux mains?

35. Joseph m'a remis 3 c. et j'en avais déjà 6: combien ai-je de centimes maintenant?

36. Edgar a 1 an: quel âge aura-t-il dans 3 ans?

HUITIÈME LEÇON.

Addition avec les nombres 1 à 10 (suite).

Exercices et problèmes.

37. Ajouter le nombre 4 aux 6 premiers nombres.

1 + 4	6 + 4
2 + 4	4 + 4
3 + 4	2 + 4
4 + 4	5 + 4
5 + 4	3 + 4
6 + 4	1 + 4

38. Une ménagère a acheté pour 6 fr. de viande de bœuf et pour 4 fr. de mouton: combien a-t-elle dépensé?

39. Frédéric a 4 fr. et Gustave a autant: combien ont-ils à eux deux?

40. Paul a mangé 5 prunes à son déjeuner et 4 à son dîner: combien Paul a-t-il mangé de prunes?

41. J'avais 4 amandes et mon frère m'en a encore donné 3: combien en ai-je maintenant?

42. Lydie achète 4 mètres de ruban bleu et 2 de vert: combien a-t-elle acheté de mètres de ruban?

43. J'ai écrit une page sur un cahier et 4 pages sur un autre: combien de pages en tout?

NEUVIÈME LEÇON.

Addition avec les nombres 1 à 10 (suite).
Exercices et problèmes.

44. Ajouter le nombre 5 aux 5 premiers nombres.

$1 + 5$	$1 + 5$
$2 + 5$	$3 + 5$
$3 + 5$	$5 + 5$
$4 + 5$	$2 + 5$
$5 + 5$	$4 + 5$

45. Nous avons 5 doigts à chaque main: combien aux deux mains?

46. J'ai dépensé 5 fr. hier et 3 fr. aujourd'hui: combien dans ces deux jours?

47. Combien y a-t-il de lettres dans les deux mots figue et miel?

48. Émile a reçu 2 dragées de sa tante et 5 de son oncle: combien en tout?

49. Gustave a une pièce de 5 centimes et 1 centime: combien a-t-il de pièces? — Combien de centimes?

DIXIÈME LEÇON.

Addition des nombres 1 à 10 (suite).

Exercices et problèmes.

50. Ajouter le nombre 6 aux 4 premiers nombres.

$$1 + 6 \qquad 3 + 6$$
$$2 + 6 \qquad 1 + 6$$
$$3 + 6 \qquad 4 + 6$$
$$4 + 6 \qquad 2 + 6$$

51. Une fermière vend une oie commune 3 fr., et une oie grasse 6 fr.: combien cela fait-il d'argent?

52. Un cultivateur a 6 moutons et 4 brebis: quel est le nombre de ses bêtes à laine?

53. Il a 6 vaches et une paire de bœufs: combien a-t-il de bêtes à cornes?

54. Benjamin à 6 fr. dans une tirelire; il reçoit la visite de son oncle qui y dépose 1 fr.: quelle somme Benjamin a-t-il?

55 Ajouter le nombre 7 aux 3 premiers nombres.

$$1 + 7 \qquad 2 + 7$$
$$2 + 7 \qquad 1 + 7$$
$$3 + 7 \qquad 3 + 7$$

56. Marie a vendu 3 pigeons ce matin et 7 ce soir: combien a-t-elle vendu de pigeons aujourd'hui?

57. Un père de famille a acheté une première fois 7 stères de bois et une seconde fois 2 stères: combien a-t-il acheté de stères de bois?

58. J'ai déjà copié 7 pages aujourd'hui, et je dois encore en copier une: combien avais-je de pages à copier?

ONZIÈME LEÇON.

Addition avec les nombres 1 à 10 (suite et fin).

Exercices et problèmes.

59. Ajouter le nombre 8 aux deux premiers nombres et l'unité au nombre 9.

$$1 + 8 \qquad 2 + 8$$
$$2 + 8 \qquad 1 + 9$$
$$1 + 9 \qquad 1 + 8$$

60. Un père de famille gagne 5 fr. par jour, son fils aîné 3 fr., et son second fils 2 fr.: combien gagnent-ils ensemble chaque jour ?

61. Paul donne pour sa nourriture 7 fr. par semaine, Jules donne 1 fr. de plus: à combien revient la nourriture de Jules ?

62. Jérôme a mangé 5 amandes à son dîner et 4 à son souper; il lui en reste une seule: combien Jérôme avait-il d'amandes ?

63. Au mois de janvier dernier j'ai reçu 4 lettres de mon père absent; au mois de février j'ai reçu 2 lettres de plus: combien ai-je reçu de lettres au mois de février et combien dans ces deux mois ?

64. J'ai dans ma bourse 2 pièces de 2 fr. et une pièce de 5 fr.: quelle somme ai-je ?

65. On demande combien Jacques et Georges ont reçu ensemble de poires pour leur goûter, sachant que Jacques en a reçu 4 et Georges 1 de plus ?

66. Un vase contient 4 litres de lait; il est à moitié plein: combien contient-il de litres lorsqu'il est plein ?

DOUZIÈME LEÇON.

Soustraction avec les nombres 1 à 10.

Edgar reçoit 5 pêches de sa marraine, et il en donne 2 à sa sœur Lydie : combien lui en reste-t-il ?

Il lui reste évidemment les 5 pêches qu'il a reçues, moins les 2 pêches qu'il a données à sa sœur.

Or, si de 5 pêches, j'ôte 1 pêche, il reste 4 pêches ;
Si de 4 pêches, j'ôte 1 pêche, il reste 3 pêches.

Je viens d'ôter 2 fois 1 pêche, ou 2 pêches, de 5 pêches, ce qui a donné 3 pêches pour reste.

Edgar a donc encore 3 pêches.

L'opération par laquelle on ôte ou retranche un nombre d'un autre plus grand, s'appelle *soustraction*.

2 est le nombre retranché de 5 ;

3 est le *reste*, ou le résultat de l'opération.

On dit aussi que 3 est la *différence* qui existe entre 5 et 2, ou que 3 est *l'excès* de 5 sur 2.

Pour indiquer que la différence entre 5 et 2 est 3, on écrit : $5 - 2 = 3$.

Le signe $-$ signifie *moins*, et se place entre les 2 nombres, avant le plus petit.

Questionnaire.

Qu'est-ce que la soustraction ?
Comment appelle-t-on le résultat de cette opération ?
Comment indique-t-on une soustraction !

A réciter.

13. — La soustraction est une opération par laquelle on retranche un nombre d'un autre plus grand.

Le résultat de cette opération s'appelle reste, différence ou excès.

14. — On indique une soustraction par un trait horizontal qui s'énonce moins, et que l'on place entre les deux nombres, avant le plus petit.

TREIZIÈME LEÇON.

Soustraction des nombres 1 à 10 (suite).

Exercices et problèmes.

67. — Soustraire le nombre 1 des 10 premiers nombres, d'abord avec ordre, puis sans ordre déterminé :

1 — 1	2 — 1
2 — 1	4 — 1
3 — 1	6 — 1
4 — 1	8 — 1
5 — 1	10 — 1
6 — 1	1 — 1
7 — 1	3 — 1
8 — 1	5 — 1
9 — 1	7 — 1
10 — 1	9 — 1

68. Simon avait 1 c., il l'a donné à un pauvre: que reste-t-il à Simon?

69. Combien y a-t-il de jours ouvrables dans la semaine qui comprend la fête de l'Ascension?

70. Marie avait 5 belles poires; elle en a mangé une: combien lui en reste-t-il?

71. Mon dernier voyage a duré une semaine moins un jour: combien a-t-il duré de jours?

72. J'avais 4 centimes et j'en ai perdu 1: combien en ai-je encore?

73. Maman m'a donné 3 passages à apprendre; j'en ai appris 1: combien dois-je encore apprendre de passages?

74. Caroline avait 2 serins; elle en a vendu 1: combien en a-t-elle encore?

75. Edmond a 8 ans et Charles a 1 an de moins: quel est l'âge de Charles?

76. J'ai lu hier 9 pages d'histoire et aujourd'hui 1 de moins: combien ai-je lu de pages d'histoire aujourd'hui?

77. Eugène avait 10 plumes il vient d'en perdre une: combien Eugène a-t-il encore de plumes?

QUATORZIÈME LEÇON.

Soustraction avec les nombres 1 à 10 (suite).
Exercices et problèmes.

78. Retrancher le nombre 2 des nombres 2 à 10.

2 — 2   3 — 2

3	— 2	5	— 2
4	— 2	7	— 2
5	— 2	9	— 2
6	— 2	2	— 2
7	— 2	4	— 2
8	— 2	6	— 2
9	— 2	8	— 2
10	— 2	10	— 2

79. Cécile veut apprendre 5 lignes de grammaire aujourd'hui; elle en sait déjà 2: combien Cécile a-t-elle encore de lignes de grammaire à apprendre?

80. J'ai 7 cerisiers dans mon jardin; mon voisin en a 2 de moins dans le sien: combien y en a-t-il?

81. Paul a reçu de ses parents 4 centimes; il en a dépensé 2: combien Paul a-t-il encore de centimes?

82. Etienne a 6 pommiers; il a cueilli les fruits de 2: combien a-t-il encore de pommiers dont il n'a pas cueilli le fruit?

83. Une fenêtre avait 8 carreaux de vitre; 2 ont été cassés par l'orage: combien cette fenêtre a-t-elle encore de carreaux entiers?

84. Marguerite a reçu 3 poires; elle en donne 2 a Louise: combien en a-t-elle encore?

85. Sophie est âgée de 2 ans; Julie aussi a 2 ans: quelle est la plus âgée?

86. J'avais 10 fr.; j'ai donné 2 fr. à un pauvre: combien me reste-t-il?

QUINZIÈME LEÇON.

Soustraction avec les nombres 1 à 10 (suite).

Exercices et problèmes.

87. Oter le nombre 3 des nombres 3 à 10.

3 — 3	9 — 3
4 — 3	7 — 3
5 — 3	5 — 3
6 — 3	3 — 3
7 — 3	10 — 3
8 — 3	8 — 3
9 — 3	6 — 3
10 — 3	4 — 3

88. Mon frère a 3 ans; j'en ai 10: combien ai-je de plus que lui?

89. Léon avait 8 noisettes; il en a perdu 3: combien lui en reste-t-il?

90. J'avais 5 centimes; j'en ai encore 3: combien ai-je dépensé de centimes?

91. Firmin a reçu 6 pommes pour son goûter et celui de son frère; il en garde 3 pour lui: combien en a-t-il donné à son frère?

92. Pauline est âgée d'une semaine, Babet a 3 jours de moins: quel est l'âge de Babet?

93. Célestin a gagné 9 bons points; Jean n'en a gagné que 3: combien de moins que Célestin?

94. J'ai 4 centimes; j'achète une image pour 3 centimes: que me restera-t-il?

95. Suzanne avait 3 belles poires; elle en a mangé 1 à son déjeûner et 2 à son dîner: combien a-t-elle encore de poires?

SEIZIÈME LEÇON.

Soustraction avec les nombres 1 à 10 (suite).

Exercices et problèmes.

96. Soustraire le nombre 4 des nombres 4 à 10.

4 — 4	10 — 4
5 — 4	8 — 4
6 — 4	6 — 4
7 — 4	4 — 4
8 — 4	9 — 4
9 — 4	7 — 4
10 — 4	5 — 4

97. Mon oncle m'a donné 8 amandes et ma tante 4: combien de moins que mon oncle?

98. Une dame achète une paire de gants pour 4 fr., et présente une pièce de 10 fr.: que doit-on lui rendre?

99. J'ai acheté 7 livres, dont 4 reliés; combien ai-je acheté de livres non reliés?

100. Jacob a une pièce de 5 fr. et Jean 2 pièces de 2 fr.: quel est celui qui a le plus et combien?

101. Émile a 6 ans: quel âge avait-il il y a 4 ans?

102. Je travaille 9 heures par jour, dont 4 le matin: combien le soir

103. Un cultivateur avait 4 moutons; il en a vendu 2 hier et 2 aujourd'hui: combien lui en reste-t-il?

DIX-SEPTIÈME LEÇON.

Soustraction avec les nombres 1 à 10 (suite).

Exercices et problèmes.

104. Retrancher le nombre 5 des nombres 5 à 10.

5 — 5	6 — 5
6 — 5	8 — 5
7 — 5	10 — 5
8 — 5	5 — 5
9 — 5	7 — 5
10 — 5	9 — 5

105. J'avais 10 fr., j'en ai dépensé la moitié: combien me reste-t-il ?

106. Un vase contenait 7 litres de lait; on en a retiré 5: combien y en a-t-il encore ?

107. Une servante va au marché avec 8 fr. dans sa bourse; elle achète des légumes pour 2 fr. et des fruits pour 3 fr.: combien aura-t-elle de reste ?

108. Louis doit copier 9 pages dans la journée; s'il en copie 5 le matin, combien lui en restera-t-il pour le soir ?

109. J'ai acheté une image pour 3 c. et une autre pour 2 c.: combien me restera-t-il des 5 centimes que ma mère m'a donnés pour faire cet achat ?

110. Gustave a 3 pièces de 2 centimes; Henri a une pièce de 5 c.: combien le premier a-t-il de pièces et de centimes de plus que l'autre ?

DIX-HUITIÈME LEÇON.

Soustraction avec les nombres 1 à 10 (suite).

Exercices et problèmes.

111. Soustraire le nombre 6 des nombres 6 à 10.

$$6 - 6 \qquad 10 - 6$$
$$7 - 6 \qquad 8 - 6$$
$$8 - 6 \qquad 6 - 6$$
$$9 - 6 \qquad 9 - 6$$
$$10 - 6 \qquad 7 - 6$$

112. Adolphe achète une douzaine de crayons pou[r] 9 pièces de 5 c. ou 9 sous; sachant qu'il ne possèd[e] que 6 pièces de 5 c. ou 6 sous, combien devra-t-[il] demander à sa maman pour payer ses crayons?

113. Marie a été malade pendant une semaine e[t] Ernestine pendant 6 jours: combien de moins qu[e] Marie?

114. Papa a 4 pigeons noirs et 6 blancs; not[re] voisin en a 3 noirs et autant de blancs: combie[n] papa a-t-il de pigeons de plus que notre voisin?

115. Jacques avait 8 ans à la naissance de sa sœu[r] et son frère 6 ans: de combien Jacques est-il plu[s] âgé que son frère?

116. Edgar a reçu 3 noisettes de son papa et au[-] tant de sa maman; Lydie en reçoit 2 de son pa[pa] et 4 de sa maman: quel est celui qui en a reçu [le] plus?

DIX-NEUVIÈME LEÇON.

Soustraction avec les nombres 1 à 10 (suite).

Exercices et problèmes.

117. Retrancher le nombre 7 des nombres 7 à 10.

$$7 - 7 \qquad 9 - 7$$
$$8 - 7 \qquad 7 - 7$$
$$9 - 7 \qquad 10 - 7$$
$$10 - 7 \qquad 8 - 7$$

118. J'avais 9 fr.; j'en ai dépensé 7: combien me reste-il?

119. Charles a 10 ans et Gustave 7: quelle est la différence d'âge?

120. Un enfant est mort âgé de 8 jours, et un autre enfant est mort âgé d'une semaine: quelle était la différence d'âge?

121. Numa a reçu 7 fr. pour un voyage dans lequel il dépense d'abord 5 fr.; puis 2 fr.: combien lui reste-t-il?

122. Un objet avait coûté 7 fr.; on l'a revendu 9 fr.: combien a-t-on gagné?

VINGTIÈME LEÇON

Soustraction avec les nombres 1 à 10
(suite et fin).

Exercices et problèmes.

123. Oter le nombre 8 des nombres 8, 9, 10, et le nombre 9 du nombre 10.

8 — 8	10 — 8
9 — 8	8 — 8
10 — 8	10 — 9
10 — 9	9 — 9

124. Julien avait 10 billes; il en a perdu 8: combien en a-t-il encore maintenant?

125. J'avais 8 lettres à écrire; j'en ai écrit 5 le matin et 3 le soir: combien me reste-t-il de lettres à écrire?

126. Quelle est la différence d'âge de deux enfants dont l'un a 9 ans et l'autre 8 ans?

127. J'ai donné 9 centimes à une pauvre femme, et une pièce de 5 c. et 4 c. à un pauvre vieillard: qui a le plus reçu?

128. Félix devait 10 fr.; il en a payé 9: combien redoit-il encore?

129. J'ai 5 pièces de 2 fr. et j'achète un gilet de 10 fr.; combien me reste-t-il?

VINGT-UNIÈME LEÇON.

Problèmes combinés sur l'addition et la soustraction des nombres 1 à 10.

130. Jules a 5 noisettes dans la main gauche et 4 dans la droite: combien lui en restera-t-il après en avoir donné 6 à sa sœur?

131. Je devais 10 fr.; j'ai payé 4 fr., puis 3 fr.: combien dois-je encore?

132. Antonin me devait 7 fr.; il m'a donné une pièce de 2 fr. et une de 1 fr.: combien me doit-il encore?

133. Une famille est composée du père, de la mère et de 3 enfants; une autre famille est composée de 7 personnes: quelle est la plus nombreuse?

134. Joseph a 8 images; il en donne 3 à son frère et autant à sa sœur: combien lui en reste-t-il?

135. Jean avait à écrire 5 pages; il en a écrit 1, puis 2: combien en a-t-il encore à écrire?

136. Georges a 3 ans et Jules a un an de moins: quel est l'âge de Paul, qui a 6 ans de plus que Jules?

137. J'ai cueilli 3 prunes sur une branche et 7 sur une autre; j'en donne 4 à mon petit frère: combien m'en reste-t-il?

138. J'ai 6 centimes; j'en donne 2 à un pauvre et 1 de plus à un autre: combien ai-je encore de centimes?

139. Une image coûte 1 c. et un crayon 3 c.: que reste-t-il à Ida, si elle possède 3 pièces de 2 c., et qu'elle achète une image et un crayon?

VING-DEUXIÈME LEÇON.

Décomposition des nombres 1 à 10.

Les nombres, de 2 à 10, peuvent être décomposés chacun en 2 autres nombres. Ainsi;

$$2 = 1 + 1$$
$$3 = 2 + 1$$
$$1 + 2$$
$$4 = 3 + 1$$
$$2 + 2$$
$$1 + 3$$
$$5 = 4 + 1$$
$$3 + 2$$
$$2 + 3$$
$$1 + 4$$
$$6 = 5 + 1$$
$$4 + 2$$
$$3 + 3$$
$$2 + 4$$
$$1 + 5$$
$$7 = 6 + 1$$
$$5 + 2$$
$$4 + 3$$
$$3 + 4$$
$$2 + 5$$
$$1 + 6$$

$$8 = 7 + 1$$
$$6 + 2$$
$$5 + 3$$
$$4 + 4$$
$$3 + 5$$
$$2 + 6$$
$$1 + 7$$
$$9 = 8 + 1$$
$$7 + 2$$
$$6 + 3$$
$$5 + 4$$
$$4 + 5$$
$$3 + 6$$
$$2 + 7$$
$$1 + 8$$
$$10 = 9 + 1$$
$$8 + 2$$
$$7 + 3$$
$$6 + 4$$
$$5 + 5$$
$$4 + 6$$
$$3 + 7$$
$$2 + 8$$
$$1 + 9$$

Les nombres, de 3 à 10, peuvent se décomposer en 3 parties:

$$3 = 1 + 1 + 1$$
$$4 = 2 + 1 + 1$$
$$5 = 3 + 1 + 1$$
$$2 + 2 + 1$$
$$6 = 4 + 1 + 1$$
$$3 + 2 + 1$$
$$2 + 2 + 2$$
$$7 = 5 + 1 + 1$$
$$4 + 2 + 1$$
$$3 + 3 + 1$$

$$8 = 6 + 1 + 1$$
$$5 + 2 + 1$$
$$4 + 2 + 2$$
$$9 = 7 + 1 + 1$$
$$6 + 2 + 1$$
$$5 + 3 + 1$$
$$10 = 8 + 1 + 1$$
$$7 + 2 + 1$$
$$6 + 3 + 1$$

Remarquez que:

$$2 = 1 + 1$$
$$4 = 2 + 2$$
$$6 = 3 + 3$$
$$8 = 4 + 4$$
$$10 = 5 + 5$$

Les nombres qui, comme 2, 4, 6, 8, 10, peuvent être décomposés en deux nombres égaux, s'appellent nombre *pairs*; ceux qu'on ne peut pas partager en deux parties égales s'appellent nombres *impairs*.

Remarquez encore que:

$$2 = 1 \text{ fois } 2$$
$$4 = 2 \text{ fois } 2$$
$$6 = 3 \text{ fois } 2$$
$$8 = 4 \text{ fois } 2$$
$$10 = 5 \text{ fois } 2$$

On peut encore dire que les nombres pairs sont ceux qui contiennent le nombre 2 un nombre exact

de fois; les autres, comme 1, 3, 5, 7, 9, sont des nombres impairs.

Questionnaire.

Quels sont les nombres qui peuvent être décomposés chacun en 2 autres nombres?

Quels sont les nombres de 1 à 10 qui ne peuvent être partagés en 3 nombres?

Qu'appelle-t-on nombres pairs?

Qu'appelle-t-on nombres impairs?

Quel est le plus grand des nombres impairs de 1 à 10?

Quel est le plus petit?

Exercices.

140. Le nombre 8 est formé de 2 nombres don l'un est 5: quel est l'autre?

141. Si l'un des deux nombres est 2, quel sera l'autre?

142. De combien de manières peut-on partager 5 en deux parties?

143. De combien de manières peut-on partager 10 en deux parties?

144. Le nombre 7 est décomposé en 3 parties dont les deux premières sont 3 et 2: quelle est la troisième?

145. Si la première est 4, quelles seront les deux autres?

146. Quels sont les nombres pairs de 1 à 10?

147. Quels sont les nombres impairs de 1 à 10?

A réciter.

15. — On appelle nombres pairs ceux qui peuvent être partagés en deux nombres égaux, ou qui renferment le nombre 2 un nombre exact de fois.

16. — On nomme nombre impairs ceux qui ne contiennent pas le nombre 2 un nombre exact de fois.

VINGT-TROISIÈME LEÇON.

Exercices sur l'addition et la soustraction des nombres 1 à 10.

148. De la somme des trois premiers nombres pairs, on retranche le quatrième : que reste-t-il ?

149. De la somme des trois premiers nombres dans l'ordre naturel, on retranche le quatrième : que reste-t-il ?

150. Combien font $(9 + 1) - (6 + 2)$?
Le signe () indique un calcul effectué.

151. Combien font $(5 + 4) - (3 + 1)$?

152. Combien font $(2 + 2 + 4) - (1 + 5 + 1$?

153. Combien font $(1 + 7) - (6 - 2)$?

154. Combien font $(8 - 2) - (2 + 1)$?

155. Combien font $(9 - 4) + (7 - 5)$?

156. Combien font $(7 - 2) + (9 - 5)$?

157. Combien font $(7 - 2) - (9 - 5)$?

158. Quels sont les deux nombres pairs qui donnent pour somme 10 ?

Indiquer l'égalité.

159. Quels sont les deux nombres pairs qui donnent pour somme 10 ?

Indiquer l'égalité.

VINGT-QUATRIÈME LEÇON.

Calcul avec les nombres 1 à 20.

Numération parlée.

J'ajoute: *un* à *dix*, ce qui donne *onze;*
un à *onze*, ce qui donne *douze;*
un à *douze*, ce qui donne *treize;*
un à *treize*, ce qui donne *quatorze;*
un à *quatorze*, ce qui donne *quinze;*
un à *quinze*, ce qui donne *seize;*
un à *seize*, ce qui donne *dix-sept;*
un à *dix-sept*, ce qui donne *dix-huit;*
un à *dix-huit*, ce qui donne *dix-neuf;*
un à *dix-neuf*, ce qui donne *vingt.*

Remarquez que:

onze	$= 10 +$	1
douze	$= 10 +$	2
treize	$= 10 +$	3
quatorze	$= 10 +$	4
quinze	$= 10 +$	5
seize	$= 10 +$	6
dix-sept	$= 10 +$	7
dix-huit	$= 10 +$	8
dix-neuf	$= 10 +$	9
vingt	$= 10 +$	10

Questionnaire.

Quel nombre vient après dix?
Quel nombre précède treize, quinze, dix-sept, dix-neuf?

Quel nombre suit onze, quatorze, seize, dix-huit?
Quel nombre est avant vingt?
Quels sont les nombres qui sont avant quatorze?
Quels sont ceux qui sont entre quatorze et vingt?
Quels nombres y a-t-il entre douze et quatorze? — entre quinze et dix-sept? — entre onze et treize?
Quels sont les deux nombres entre lesquels se trouvent douze, seize, dix-sept et dix-neuf?
Quel nombre faut-il ajouter à 10 pour avoir douze? — à dix pour avoir seize? — à dix pour avoir quatorze? — à dix pour avoir dix-huit? — à dix pour avoir vingt?

Exercices.

160. Ecrire en lettres les noms de nombre de un à vingt et de vingt à un.

161. Copier et souligner les noms de nombre:
L'année à douze mois. La langue française à six voyelles et dix-neuf consonnes. Le triple de six heures est de dix-huit heures. Besançon et Montbéliard sont à une distance d'environ dix-sept lieues. L'Europe se divise en quinze contrées principales.

A réciter.

17. — Pour compter de un à vingt, on dit successivement: un, deux, trois, quatre, cinq, six, sept, huit, neuf, dix, onze, douze, treize, quatorze, quinze, seize, dix-sept, dix-huit, dix-neuf, vingt.

VINGT-CINQUIÈME LEÇON.

Figuration des nombres 10 à 20.

La réunion de dix fois l'unité, ou de dix unités, s'appelle une *dizaine*.

Nous avons vu qu'on représente l'unité par le chiffre 1 et la dizaine par le même chiffre suivi d'un zéro, de cette manière : 10. L'addition du zéro a pour but d'empêcher de confondre la dizaine avec l'unité.

Lorsqu'on joint un certain nombre d'unités à la dizaine, on remplace le zéro par ce nombre d'unités.

Ainsi pour représenter dix-sept, qui est égal à 1 dizaine plus 7 unités, on écrira 17.

Le zéro est donc un chiffre qui par lui-même n'a nulle valeur ; on l'emploie seulement quand les unités manquent, pour faire occuper le second rang vers la gauche au chiffre des dizaines.

Par conséquent, les nombres, de dix à vingt, seront figurés comme il suit : 10, 11, 12, 13, 14, 15, 16, 17, 18, 19, 20.

Questionnaire.

Quest-ce qu'une dizaine ?
Comment représente-t-on le nombre dix ?
A quoi sert le zéro ?
Quelle est la valeur de ce chiffre ?
Que signifient les nombres onze, douze, treize, quatorze, quinze, seize ?
Comment figure-t-on ces nombres ?
Combien faut-il de chiffres pour représenter chacun des nombres de 1 à 9 ?
Combien pour écrire les nombres de 10 à 20 ?

Exercices.

162. Ecrire en lettres les nombres représentés par 12, 15, 17, 20, 13.

163. Représenter par des chiffres les nombres dix, treize, onze, quatorze, dix-huit, seize, dix-neuf.

164. Ecrire en chiffres les nombres formés de dix et de sept, de dix et de cinq, de dix et de un, de dix et de trois, de 1 dizaine et 1 unité, de 1 dizaine et 6 unités, de 1 dizaine seulement?

165. Ecrire en chiffres: 1° tous les nombres pairs de 2 à 20; tous les nombres impairs de 1 à 19.

A réciter.

18. — On appelle dizaine la réunion de dix unités.

19. — Le zéro est un chiffre qui n'a aucune valeur par lui-même; on l'emploie quand les unités manquent, pour conserver aux chiffres placés à sa gauche la valeur qu'ils doivent avoir.

VINGT-SIXIÈME LEÇON.

Addition des nombres 1 à 20.

Exercices et problèmes.

166. Ajouter le nombre 1 aux nombres 10 à 19.
167. Ajouter le nombre 2 aux nombres 9 à 18.
168. Un enfant est mort à l'âge d'un an; un autre

a vécu 2 mois de plus : combien de mois a vécu ce dernier ?

169. Eugène a une pièce de 10 fr. et une pièce d'un franc : quelle somme a-t-il ?

170. Henri a 13 noix ; s'il en avait 2 de plus, combien en aurait-il ?

171. Combien de francs font 3 pièces de 5 fr. et une pièce de 2 fr. ?

172. La tirelire de ma sœur Anna renferme 18 pièces de 1 c. ; je lui donne une pièce de 2 c., qu'elle y dépose aussitôt : combien alors la tirelire contient-elle de centimes ? — Combien de pièces ?

173. Joseph a 16 ans ; Jacob a 2 ans de plus : quel est l'âge de ce dernier ?

174. La première division d'une école comprend 17 élèves et la seconde 2 de plus : combien d'élèves renferme la seconde division ?

175. Combien de francs font 2 pièces de 5 fr. plus une pièce de 2 fr. ?

176. Georges et Jules ont fait un voyage durant lequel Georges a dépensé 14 fr. et Jules 2 fr. de plus : quelle somme ce dernier a-t-il dépensée ?

177. Un corbillon contient 11 pêches ; un autre en contient 2 de plus : combien y a-t-il de pêches dans ce dernier ?

178. J'ai acheté pour 9 fr. de viande et pour 2 fr. de plus de pain : à combien revient le pain ?

VINGT-SEPTIÈME LEÇON.

Soustraction des nombres 1 à 20 (suite).

Exercices et problèmes.

179. Ajouter le nombre 3 aux nombres 8 à 17.

180. Emma est âgée d'un an et 3 mois : combien de mois a-t-elle déjà vécu ?

181. Charles veut acheter des plumes ; il a 15 c. et il lui manque 3 c. pour payer ses plumes : combien coûteront-elles ?

182. Alfred a 17 ans : quel âge aura-t-il dans 3 ans ?

183. Marguerite avait 2 pièces de 5 fr. ; elle vient de recevoir 3 fr. : combien a-t-elle maintenant ?

184. Ma sœur a appris 11 lignes de grammaire aujourd'hui ; j'ai appris 3 lignes de plus : combien ai-je appris de lignes de grammaire ?

185. J'avais 16 noix ; je viens d'en recevoir encore 3 : combien ai-je de noix maintenant ?

185. Julie a copié 13 pages hier et aujourd'hui : combien en tout ?

187. Emile a payé un képi 8 fr. ; Charles son frère a déboursé 3 fr. de plus pour un chapeau : combien a coûté ce chapeau ?

188. Si l'on ajoute à 9 le second nombre impair, quelle somme obtiendra-t-on ?

189. Combien font de fruits 11 pêches plus 3 prunes ?

VINGT-HUITIÉMF LEÇON.

Addition des nombres 1 à 20 (suite).

Exercices et problèmes.

190. Ajouter le nombre 4 aux nombres 7 à 16.

191. Combien font de francs 2 pièces de 5 fr. pl
2 pièces de 2 fr.

192. Combien font de centimes 15 pièces de 1
plus 2 pièces de 2 c. ?

193. Le jardinier a donné 11 prunes à Louis e
de plus à Gustave : combien Gustave a-t-il reçu
prunes ?

194. Combien de jours a déjà vécu la petite Agl
qui est âgée d'une semaine et 4 jours ?

195. Firmin a 12 ans; Emile a 4 ans de plus : q
âge a-t-il ?

196. Si l'on augmente 8 du second nombre pa
quelle sera la somme obtenue ?

197. Jules et Victor ont travaillé à un ouvrage,
premier 9 jours et le second 4 jours : combien
jours de travail pour les deux ?

198. Un fermier a 10 moutons, 4 brebis et
agneaux : combien a-t-il de bêtes à laine ?

199. Marie avait 13 plumes, je lui en ai donné
combien Marie a-t-elle de plumes maintenant ?

200. Adolphe a acheté 16 images, et le marcha
lui en a donné 4 par-dessus : combien Adolphe a-
reçu d'images ?

VINGT-NEUVIÈME LEÇON.

Addition des nombres 1 à 20 (suite).

Exercices et problèmes.

201. Ajouter le nombre 5 aux nombres 6 à 15.

202. Il y a 10 pommiers, 4 poiriers et 5 pruniers dans le verger de mon parrain : combien d'arbres en tout ?

203. Paul achète un pantalon pour 12 fr. et une casquette pour 5 fr. : que doit-il pour cet achat ?

204. Un ouvrier a d'abord travaillé 6 jours à un ouvrage, puis 5 jours et enfin 4 jours : combien de journées lui est-il dû ?

205. Un fermier a vendu 15 vaches et 5 chevaux : combien d'animaux en tout ?

206. Un autre fermier a vendu 11 vaches, une paire de bœufs et 5 chevaux : combien a-t-il vendu d'animaux ?

207. Une école compte 11 élèves dans la première classe et 5 de plus dans la deuxième : combien la 2me classe compte-elle d'élèves ?

208. Pour payer une dépense, j'ai reçu une pièce de 10 fr. et une de 5 fr. : quelle somme m'a-t-on remise ?

209. Combien font de fleurs 9 œillets et 5 tulipes ?

210. Jean a été malade pendant une semaine et 5 jours : combien de jours a duré la maladie de Jean ?

211. Mon frère a acheté 7 cahiers et ma sœur 5 : combien ont-ils acheté de cahiers à eux deux ?

TRENTIÈME LEÇON.

Addition des nombres 1 à 20 (suite).

Exercices et problèmes.

212. Ajouter le nombre 6 aux nombres 5 à 14.

213. De deux nombres, l'un est 12, l'autre vaut
de plus : quelle est la valeur du plus grand ?

214. Un vase contient 1 décalitre ou 10 litres; u
autre contient 6 litres de plus : combien de litr
contient ce dernier ?

215. Un cerisier produit annuellement 11 pani
de cerises; un autre en produit 6 paniers : combie
ces deux cerisiers donnent-ils de paniers de ceris
par an ?

216. Benjamin a 13 ans; Jules a 6 ans de plu
quel est l'âge de Jules ?

217. Léa a reçu 6 fr. de son parrain et autant de
marraine : combien a-t-elle reçu des deux ?

218. Combien de fruits font 5 poires et 6 pommes

219. Combien de jours font une semaine et 6 jour

220. Albert a donné 8 noix à sa sœur; il en a e
core 6 : combien en avait-il ?

221. Charles a reçu 9 c. hier et 6 aujourd'hu
combien a-t-il reçu de centimes dans ces deux jours

222. Louis a acheté des pommes; il en conserve 1
pour lui et en donne 6 à son cousin : combien avai
il acheté de pommes ?

TRENTE-UNIÈME LEÇON.

Addition des nombres 1 à 20 (suite).

Exercices et problèmes.

223. Ajouter le nombre 7 aux nombres 4 à 13.

224. Mon dernier voyage a duré deux semaines et 6 jours : combien de jours en tout ?

225. Louis avait 12 billes ; il en a gagné 7 : combien en a-t-il maintenant ?

226. Un chasseur a tué 11 cailles et 7 perdrix dans une matinée : combien d'oiseaux en tout ?

227. Une ménagère a acheté une douzaine d'œufs pour 13 sous et une demi-douzaine pour 7 sous : combien a-t-elle acheté d'œufs ? — Combien a-t-elle dépensé pour cet achat ?

228. Combien font de francs 2 pièces de 5 fr. plus 7 francs.

229. Amélie a 8 noisettes dans une main et 7 dans l'autre : combien dans les deux mains ?

230. J'achète un gilet de 9 fr. et il me reste 7 fr. après l'avoir payé : quelle somme possédais-je avant d'acheter le gilet ?

231. Quelle est la somme des deux nombres consécutifs 6 et 7 ?

232. J'ai cueilli 5 pêches sur une branche et 7 sur une autre : combien sur les deux branches ?

233. Combien de boules font 4 boules plus 7 boules ?

TRENTE-DEUXIÈME LEÇON.

Addition des nombres 1 à 20 (suite).

Exercices et problèmes.

234. Ajouter le nombre 8 aux nombres 3 à 12.

235. Georges a 8 ans de plus que Léon, qui a 11 ans : quel est l'âge de Georges ?

236. Combien y a-t-il d'heures de minuit à 8 heures du soir ?

237. Combien font de francs 2 pièces de 5 fr. plus 4 pièces de 2 fr. ?

238. Caroline a mangé 8 amandes à son dîner et autant à son souper : combien a-t-elle mangé d'amandes à ces deux repas ?

239. Une fenêtre a 6 carreaux ; une autre en a 2 de plus : combien de carreaux ont les deux fenêtres ?

240. Combien de lettres dans les deux mots *serin* et *fauvette,* dont l'un en a 5 et l'autre 8 ?

241. J'ai appris 4 passages ce matin ; j'en ai encore 8 à apprendre : combien avais-je de passages à apprendre ?

242. Julien a dépensé hier 9 fr. et aujourd'hui 1 fr. de moins : combien pour les deux jours ?

243. Mon père a acheté une première fois 7 stères de bois et une seconde fois 1 stère de plus : combien de stères pour les deux fois ?

244. La bourse de Pierre, qui contenait 3 fr. hier matin, en contient 8 de plus maintenant : quelle somme renferme-t-elle ?

TRENTE-TROISIÈME LEÇON.

Addition des nombres 1 à 20 (suite et fin).
Exercices et problèmes.

245. Ajouter le nombre 9 aux nombres 2 à 11.

246. Une famille a consommé un décalitre de lait en une semaine; une autre famille en a consommé 9 litres de plus : combien de litres de lait cette dernière famille a-t-elle consommés ?

247. Un vase contient 9 litres d'huile; un autre vase contient le double du premier : combien ce dernier vase contient-il de litres ?

248. Sophie a acheté 6 mètres de ruban ; Louise sa sœur en a acheté trois mètres de plus : combien ont-elles à elles deux de mètres de ruban ?

249. Un ouvrier gagne 7 fr. par jour et ses deux fils 9 fr. : quel est le salaire journalier de ces trois personnes ?

250. Combien font de francs une pièce de 5 fr. et 9 pièces de 1 fr. ?

251. Combien font d'oiseaux 11 cailles plus 9 perdrix ?

252. Une boucher achète 8 veaux et 9 moutons : combien cela fait-il d'animaux ?

253. Une marchande vend pour 3 fr. de sucre et pour 9 fr. de café : combien a-t-elle reçu ?

254. Une autre marchande vend pour 2 fr. de sel et pour 9 fr. de savon : quel argent cela fait-il ?

255. Un écolier a besoin d'un cahier de 4 feuilles et d'un autre de 9 feuilles : combien de feuilles pour les deux cahiers ?

TRENTE-QUATRIÈME LEÇON.

Soustraction des nombres 1 à 20.
Exercices et problèmes.

256. Soustraire le nombre 1 des nombres 11 à 20.

257. Soustraire le nombre 2 des nombres 11 à 20.

258. Eugène avait 12 amandes; il en a perdu 2 : combien en a-t-il maintenant ?

259. Julie est âgée de 2 semaines; Aline a 1 jour de moins : quel est, en jours, l'âge d'Aline ?

260. Marie a acheté une douzaine et demie d'œufs : elle en a cassé 2 : combien en a-t-elle encore d'entiers ?

261. Un ouvrier a gagné 17 fr. dans une semaine ; un autre ouvrier a gagné 2 fr. de moins : quelle somme ce dernier a-t-il gagnée ?

262. Henri avait 13 pêches; il en a mangé 2 : combien lui en reste-t-il ?

263. Un fermier possède 20 moutons; il en vend 2 : combien en a-t-il encore ?

264. Paul a un an; René a un mois de moins : quel est l'âge de René ?

265. Sur une provision de 19 stères de bois, on en a brûlé 2 : combien en reste-t-il ?

266. Emile a 3 pièces de 5 c. et Charles a 2 c. de moins : combien Charles a-t-il de centimes ?

267. Louis avait 3 pièces de 5 fr. plus une pièce d'un franc; il a dépensé 2 fr. : combien lui reste-t-il ?

268. Dans 2 semaines il y a 2 jours de repos : combien y a-t-il de jours ouvrables ?

269. Auguste a 11 c.; il en donne 2 à un pauvre : combien en a-t-il encore ?

TRENTE-CINQUIÈME LEÇON.

Soustraction des nombres 1 à 20 (suite).

Exercices et problèmes.

270. Oter le nombre 3 des nombres 11 à 20.

271. Louise a 15 noix; Fanny n'en a que 3: combien de moins que Louise?

272. J'augmente un nombre de 3, ce qui donne 19: quel est ce nombre?

273. Adolphe a un cahier de 20 feuillets; il en ôte 3: combien reste-t-il de feuillets?

274. La différence de 2 nombres est 3; le plus grand est 17: quel est le plus petit?

275. J'avais 14 fr. dans ma bourse; j'ai dépensé 3 fr.: que me reste-t-il?

276. Paul a 13 ans; Julien n'en a que 3: quelle est la différence d'âge?

277. Un coupon a 16 mètres de long; on en détache 3 mètres: combien en reste-t-il?

278. Un autre coupon a 18 mètres; on en détache aussi 3 mètres: combien en reste-t-il?

279. Luc a 12 billes; il en perd 3: combien en a-t-il encore?

280. Jacques a 11 noisettes; son cousin en a 3 de moins: combien en a-t-il?

TRENTE-SIXIÈME LEÇON.

Soustraction des nombres 1 à 20 (suite).
Exercices et problèmes.

281. Oter le nombre 4 des nombres 11 à 20.

282. Sur 16 fr. que Charles reçoit, il achète un chapeau 4 fr. et une cravate 1 fr: combien lui reste-t-il ?

283. Un verger contient 18 arbres; un autre en contient 4 de moins: combien ce dernier verger contient-il d'arbres?

284. Un écolier obtient 15 jours de vacances, et il y a 4 jours que les vacances ont commencé: combien dureront-elles encore de jours?

285. Un pâtissier a vendu hier 17 brioches et aujourd'hui 4 de moins: combien en a-t-il vendu aujourd'hui ?

286. Jacques avait 19 centimes; il en a donné 4 à un pauvre: combien lui en reste-t-il?

287. Jules a 13 ans; Ernest a 4 ans de moins que Jules: quel est l'âge d'Ernest?

288. Simonin devait 14 fr.: il en a payé 4: combien doit-il encore ?

289. René avait 20 fr.; il a dépensé 2 pièces de 2 fr.: que lui reste-t-il?

290. Son frère avait 6 pièces de 2 fr.; il a aussi dépensé 4 fr.: combien a-t-il encore ?

291. Une bourse contenait 2 pièces de 5 fr.: plus une pièce de 1 fr.; on paye une dépense de 4 fr. quelle valeur reste-t-il?

TRENTE-SEPTIÈME LEÇON.

Soustraction des nombres 1 à 20 (suite).

Exercices et problèmes.

292. Soustraire le nombre 5 des nombres 11 à 20.

293. David avait 15 poires; il en a mangé 5: combien lui en reste-t-il?

294. Mon frère m'a donné 18 noisettes et ma sœur 5: combien de moins que mon frère?

295. Combien me manque-t-il pour acheter un crayon de 20 c., si je n'ai que 5 c. ?

296. J'ai acheté 11 sacs de pommes de terre; j'en cède 5 sacs à mon voisin Pierre: combien me reste-t-il de sacs?

297. Marie a 19 fr.; elle achète pour 5 fr. de toile: combien aura-t-elle encore après avoir payé sa toile ?

298. Emile a 5 ans: dans combien de temps aura-t-il 16 ans.

299. Sa sœur a 13 ans: combien de plus?

300. Un propriétaire possède 14 moutons; il en vend 5: combien lui en reste-t-il?

301. Un autre propriétaire en possède 17; il en vend aussi 5: combien en a-t-il encore ?

302. Un jeune homme avait 12 peupliers à élaguer; il en a déjà élagué 5: combien doit-il encore élaguer de peupliers ?

TRENTE-HUITIÈME LEÇON.

Soustraction des nombres 1 à 20 (suite).

Exercices et problèmes.

303. Retrancher le nombre 6 des nombres 11 à 20

304. Une famille fait provision de 2 décastères ou 2(
stères de bois : combien lui en restera-t-il après er
avoir brûlé 6 ?

305. Un ouvrier a employé 16 journées à un ou
vrage ; un autre ouvrier y en a employé 6 : combiei
de moins que le premier ?

306. Une servante a acheté 18 œufs ; elle en em
ploie une demi-douzaine pour un repas : combien e
a-t-elle encore ?

307. Alfred a 15 ans ; Lydie a 6 ans de moins : que
est l'âge de Lydie ?

308. Frédéric a 12 fr. ; il dépense une pièce de !
fr. et une de 1 fr. : combien lui reste-t-il ?

309. J'ai dépensé hier 3 pièces de 5 fr. et une pièc
de 2 fr. ; j'ai dépensé 6 fr. de moins ajourd'hui : quell
est ma dépense de ce jour ?

310. Un cultivateur devait conduire 13 voiture:
de fumier sur un champ ; il en a déjà conduit 6 : com
bien en a-t-il encore à conduire ?

311. Un autre cultivateur devait en conduire 1!
sur un autre champ ; il en a également conduit 6
combien en a-t-il encore à conduire ?

312. Un enfant est mort âgé de deux semaines
un autre est mort âgé de 6 jours : combien de jour
de plus a vécu le premier ?

313. On a payé 6 fr. sur une dette de 11 fr.: combien reste-t-il dû?

TRENTE-NEUVIÈME LEÇON.

Soustraction des nombres 1 à 20 (suite).

Exercices et problèmes.

314. Retrancher le nombre 7 des nombres 11 à 20.

315. Un petit porc a été acheté 7 fr.; au bout de quelques jours on l'a revendu 18 fr.: combien a-t-on gagné?

316. J'ai vendu pour la somme de 20 fr. des cerises que j'ai cueillies; je les avais payées sur l'arbre 7 fr.: combien ai-je gagné à les cueillir?

317. Célestin a 3 pièces de 5 fr., il dépense 7 fr.: combien lui reste-t-il?

318. Alexis son frère a 2 pièces de 5 fr. et une pièce de 1 fr.; il dépense aussi 7 fr.: combien lui reste-t-il?

319. J'ai 19 fr.; j'achète pour 7 fr. de livres: combien aurai-je encore après avoir payé cet achat?

320. J'ai besoin de 13 fr. pour acheter de l'étoffe; je n'ai que 7 fr.: combien me manque-t-il?

321. Cécile a acheté pour 17 fr. de légumes et pour 7 fr. de viande: de combien le prix des légumes surpasse-t-il celui de la viande?

322. Quelqu'un doit 16 fr. au boulanger; il donne un à-compte de 7 fr.: combien redoit-il encore?

323. Un verger contient 12 pommiers; un autre

en contient 7 de moins: combien ce dernier verger contient-t-il de pommiers?

324. Une fermière apporte 14 poulets au marché; elle en vend d'abord 7 : combien en a-t-elle encore à vendre?

QUARANTIÈME LEÇON.

Soustraction des nombres 1 à 20 (suite).

Exercices et problèmes.

325. Retrancher le nombre 8 des nombre 11 à 20.

326. Quel est le nombre qui, augmenté de 8, devient 19?

327. Un enfant a placé en deux fois 17 fr. à la caisse d'épargne; sachant que le premier versement a été de 8 fr. : quel a été le second?

328. Un autre enfant a placé, aussi en deux fois, 15 fr. à la caisse d'épargne; son premier versement a été également de 8 fr: quel a été le second?

329. Pierre a mangé 11 amandes hier et 8 aujourd'hui: combien de moins que hier?

330. Georges a donné 14 noisettes à Jules et 8 à Emile: combien de moins à Emile qu'à Jules:

331. Le jardinier a greffé 18 poiriers et 8 pommiers: combien a-t-il greffé de poiriers de plus que de pommiers?

332. Benoît a travaillé 16 jours à un ouvrage et Joseph 8: combien de moins que Benoît?

333. L'étable de Jacques contient 20 vaches et celle de son frère 8 de moins: combien cette dernière étable contient-elle de vaches?

334. La distance qui sépare deux villages est de 13 kilomètres; un voyageur en a parcouru 8: combien lui en reste-t-il à franchir?

335. Eugène doit 12 fr. au libraire; il n'a que 8 fr.: combien lui manque-t-il pour solder le libraire?

QUARANTE-UNIÈME LEÇON.

Soustraction des nombres 1 à 20 (suite et fin).

Exercices et problèmes.

336. Retrancher le nombre 9 des nombres 11 à 20.

337. Je donne une pièce de 5 fr., une de 2 fr., et 2 de 1 fr. sur une dette de 20 fr.: combien dois-je encore?

338. On a tiré 9 litres de vin d'un baril qui contenait 18 litres: combien contient-il encore de litres?

339. Alice achète pour 14 fr. de drap; Fanny achète pour 9 fr. de toile: de combien le premier achat surpasse-t-il le second?

340. Une personne doit 19 fr. à son tailleur; elle paye un à-compte de 9 fr.: que doit-elle encore?

341. Etienne a 17 ans; il avait 9 ans à la naissance de son frère; quel est l'âge de ce dernier?

342. Deux petits garçons reçoivent 16 pêches; l'un en prend 9: combien reste-t-il de pêches pour l'autre?

343. Henri a gagné 15 fr. la semaine dernière; il a reçu 9 fr.: combien lui doit-on encore ?

344. Un épicier reçoit 13 caisses de savon et en vend aussitôt 9 caisses: combien lui en reste-t-il ?

345. Un stère de bois a coûté 11 fr.; un autre stère de qualité inférieure en a coûté 9: combien de fr. de moins ?

346. Lucien a 12 c.; il achète 9 images à 1 c. l'une: combien lui restera-t-il de centimes après avoir payé ces images?

QUARANTE-DEUXIÈME LEÇON.

Problèmes combinés sur l'addition et la soustraction des nombres 1 à 20.

Exercices et problèmes.

347. Ma mère a acheté ce matin pour 3 fr. de bœuf, 2 fr. de mouton et 4 fr. de légumes; combien aura-t-elle de reste, si elle avait en bourse une pièce de 20 fr. ?

348. Simon avait 19 pommes; il en donne 4 à Georges et autant à Jules: combien lui en reste-t-il?

349. Je devais 15 fr.; j'ai payé une première fois 6 fr. et une seconde fois 2 fr.; combien dois-je encore ?

350. Pour payer un pantalon de 18 fr., j'ai reçu 3 fr. de mon parrain, 2 fr. de ma marraine, et le reste de mon grand-père: combien ai-je reçu de mon grand-père?

351. La semaine dernière, Eugène a gagné 14 fr.; on lui a payé 6 fr., puis 3 fr.: combien lui doit-on encore ?

352. Combien manque-t-il à une personne pour payer 15 fr., si elle a une pièce de 5 fr. et une de 2 fr. ?

353. Lydie possède 16 c.; elle achète un crayon 5 c. et une image 3 c.: combien aura-t-elle de reste après avoir payé ?

254. Un cultivateur a 17 bêtes à laine; il vend 3 moutons, 4 brebis et 2 agneaux: combien a-t-il encore de bêtes à laine ?

355. Ce même cultivateur a 11 bêtes à cornes; il vend une paire de bœufs, 3 vaches et 2 veaux: combien a-t-il encore de bêtes à cornes ?

356. J'avais 12 pommes, j'en ai donné 4 à Louis et 3 à Léon: combien ai-je encore de pommes ?

QUARANTE-TROISIÈME LEÇON.

Calcul avec les nombres 1 à 100.

Numération parlée.

J'ajoute :

1 dizaine à 1 dizaine, ce qui donne 2 dizaines;
1 dizaine à 2 dizaines, ce qui donne 3 dizaines;
1 dizaine à 3 dizaines, ce qui donne 4 dizaines;
1 dizaine à 4 dizaines, ce qui donne 5 dizaines;
1 dizaine à 5 dizaines, ce qui donne 6 dizaines;

1 dizaine à 6 dizaines, ce qui donne 7 dizaines;
1 dizaine à 7 dizaines, ce qui donne 8 dizaines;
1 dizaine à 8 dizaines, ce qui donne 9 dizaines;
1 dizaine à 9 dizaines, ce qui donne 10 dizaines;

Au lieu de dire 1, 2, 3, 4, 5, 6, 7, 8, 9, 10 dizaines, on dit simplement : *dix, vingt, trente, quarante, cinquante, soixante, septante* ou *soixante-dix, quatre-vingts, nonante* ou *quatre-vingt-dix, cent.*

Remarquez que :

1 fois 10, ou 1 dizaine, vaut dix unités;
2 fois 10, ou 2 dizaines, valent vingt unités;
3 fois 10, ou 3 dizaines, valent trente unités;
4 fois 10, ou 4 dizaines, valent quarante unités;
5 fois 10, ou 5 dizaines, valent cinquante unités;
6 fois 10, ou 6 dizaines, valent soixante unités;
7 fois 10, ou 7 dizaines, val. soixante-dix unités;
8 fois 10, ou 8 dizaines, val. quatre-vingts unités;
9 fois 10, ou 9 dizaines, val. quatre-vingt-dix unit.
10 fois 10, ou 10 dizaines, valent cent unités.

Il se trouve naturellement des nombres compris entre 1 fois 10 et 2 fois 10, entre 2 fois 10 et 3 fois 10, etc., c'est-à-dire entre deux dizaines consécutives. Pour former ces nombres, il suffit d'intercaler entre ces dizaines les noms des 9 premiers nombres.

Ainsi, pour compter de vingt à trente, on dira : vingt, vingt-un, vingt-deux, vingt-trois, vingt-quatre, vingt-cinq, vingt-six, vingt-sept, vingt-huit, vingt-neuf, trente.

On procédera de la même manière pour compter de trente à quarante, de quarante à cinquante, de cinquante à soixante, et ainsi de suite jusqu'à cent.

Questionnaire.

Combien d'unités font 3 dizaines? — 6 dizaines? — 9 dizaines? — 5 dizaines?

Combien de dizaines fait le nombre quarante? — le nombre vingt? — le nombre dix? — le nombre quatre-vingts?

Quel nombre de dizaines obtient-on, si l'on ajoute: une unité à dix-neuf unités? — une unité à trente-neuf unités? — une unité à cinquante-neuf unités?

Combien y a-t-il de dizaines et d'unités dans vingt-sept? — dans quarante-cinq? dans quatre-vingt-deux? — dans quatre-vingt-seize?

Quel est le nombre qui correspond à 5 dizaines? — à 8 dizaines? — à 10 dizaines?

Combien y a-t-il d'unités dans 2 dizaines et 7 unités? — dans 8 unités et 5 dizaines? — dans 1 unité et 1 dizaine? — Quel est le nombre qui vient après quarante-neuf?

Exercices.

357. Ecrire en lettres les dizaines pures, de dix à cent.

358. Ecrire en lettres les dizaines pures, de cent à dix.

359. Ecrire en lettres les nombres compris entre 2 dizaines et 3 dizaines, entre 3 dizaines et 4 dizaines, entre 7 dizaines et 8 dizaines, entre 8 dizaines et 9 dizaines.

360. Ecrire en lettres les nombres de un à cent, dans l'ordre naturel.

A réciter.

20. — On compte par dizaines comme l'on a compté par unités.

Les nombres qui correspondent à 1, 2, 3, 4, 5, 6, 7, 8, 9 dizaines, sont dix, vingt, trente, quarante, cinquante, soixante, soixante-dix, quatre-vingts, quatre-vingt-dix.

21. — Pour former les nombres compris entre

deux dizaines consécutives, **on intercale entre ces** dizaines les noms des 9 premiers nombres.

22. — Une centaine est **une collection de dix** dizaines.

QUARANTE-QUATRIÈME LEÇON.

Figuration des nombres 20 à 100.

Nous avons vu précédemment que pour figurer une dizaine ou le nombre dix, on emploie l'unité suivie d'un zéro, et que ce zéro est destiné à faire occuper le second rang vers la gauche au chiffre des dizaines; de même, par analogie, et pour éviter de confondre 2, 3, 4, 5, 6, 7, 8, 9 unités, avec 2, 3, 4, 5, 6, 7, 8, 9 dizaines, on écrit les dizaines avec deux chiffres, de cette manière :

20, 30, 40, 50, 60, 70, 80, 90.

On comprend facilement aussi que, pour écrire en chiffres les nombres intermédiaires compris entre deux dizaines successives, il suffit de remplacer le zéro par un des neuf premiers nombres.

Ainsi, pour représenter les nombres compris entre 20 et 30, on a 21, 22, 23, 24, 25, 26, 27, 28, 29; de même, pour écrire en chiffres les nombres compris entre 30 et 40, on a 31, 32, 33, 34, 35, 36, 37, 38, 39; et ainsi de suite jusqu'à 99.

Le nombre cent ou la centaine se figure au moyen du chiffre 1 suivi de deux zéros, de cette manière: 100.

On voit donc qu'on représente les unités par les

chiffres 1, 2, 3, 4, 5, 6, 7, 8, 9; qu'on représente les dizaines par les mêmes chiffres suivis d'un zéro : 10, 20, 30, 40, 50, 60, 70, 80, 90; et que la centaine se figure par l'unité suivie de deux zéros : 100.

Questionnaire.

Combien faut-il de chiffres pour représenter les unités ? — Combien pour représenter les dizaines ?

Comment représente-t-on les neuf premières dizaines ?

Comment écrit-on les nombres compris entre deux dizaines consécutives ?

Quels nombres figure-t-on par 2 chiffres ? — par 1 chiffre ?

Combien faut-il de chiffres pour écrire le nombre cent ?

Exercices.

361. Écrire en lettres les nombres figurés par 30, 50, 70, 20, 60, 90, 40, 10, 80.

362. Écrire en chiffres les nombres vingt, soixante, trente, dix, quarante, quatre-vingts, cinquante, soixante-dix ou septante, quatre-vingt-dix ou nonante.

363. Copier et écrire en lettres les nombres exprimés en chiffres dans les phrases suivantes :

Le nombre des semaines de l'année est de 52. Le jour a 24 heures; l'heure a 60 minutes; la minute a 60 secondes. Le siècle est une durée de 100 ans. Le quart de siècle est de 25 ans.

364. Copier et écrire en chiffres les nombres écrits en lettres dans les phrases suivantes :

Les mois ont trente ou trente et un jours, excepté février qui a vingt-huit jours dans une année commune, et vingt-neuf dans une année bissextile. Le plus long jour de l'année est le vingt-un juin.

365. Écrire en chiffres les nombres qui représentent les données suivantes :

Trois dizaines et sept unités — deux unités et huit

dizaines — sept dizaines — une unité et neuf dizaines — six dizaines et autant d'unités — sept unités et cinq dizaines — sept dizaines et cinq unités.

A réciter.

23. — Dans l'écriture des dizaines pures, le zéro a pour but de faire occuper le second rang vers la gauche au chiffre des dizaines.

24. — Pour représenter les nombres compris entre deux dizaines consécutives, on remplace le zéro par l'un des neuf premiers nombres.

25. — Le nombre cent se figure au moyen du chiffre 1 suivi de deux zéros.

26. — Les unités se figurent par les chiffres 1, 2, 3, 4, 5, 6, 7, 8, 9; les dizaines se figurent par les mêmes chiffres suivis d'un zéro, et les centaines par les mêmes chiffres suivis de deux zéros.

QUARANTE-CINQUIÈME LEÇON.

Addition des nombres 1 à 100.

366. Ajouter le nombre 2 aux nombres 1 à 100.

367. Compter par 2, jusqu'à 100, en partant du nombre 2.

368. Compter par 2, jusqu'à 99, en partant de l'unité.

369. Le mois de février a 28 jours dans une année commune; le mois d'avril a 2 jours de plus: combien le mois d'avril a-t-il de jours?

370. Un jardin contient 12 pommiers, 5 poiriers et 3 cerisiers; un autre jardin contient 2 arbres fruitiers de plus : combien d'arbres fruitiers renferme ce dernier jardin ?

371. Une marchandise a coûté 39 fr.; on a gagné 2 fr. sur la vente : combien l'a-t-on revendue ?

372. Un tas de bois a coûté 23 fr. d'achat et 2 fr. de transport : à combien revient ce tas ?

373. Ajouter le nombre 3 aux nombres 1 à 100.

374. Compter par 3, jusqu'à 99, en partant du nombre 3.

375. Compter par 3, jusqu'à 100, en partant de l'unité.

376. Quel est la somme des nombres 29, 2 et 3 ?

377. J'ai parcouru hier 38 kilomètres à pied, et aujourd'hui 3 kilomètres de plus : combien de kilomètres ai-je parcourus aujourd'hui ?

378. Combien de jours a le mois de mars, qui a 3 jours de plus que le mois de février (année commune) ?

379. Mon père a 58 ans; mon oncle a 3 ans de plus ; quel est l'âge de mon oncle ?

QUARANTE-SIXIÈME LEÇON.

Addition des nombres 1 à 100 (suite).

380. Ajouter le nombre 4 aux nombres 1 à 100.

381. Compter par 4, jusqu'à 100, en partant du nombre 4.

382. Compter par 4, jusqu'à 97, en partant de l'unité.

383. Un champ a produit 69 gerbes de blé ; un autre champ en a produit 4 de plus : combien le dernier champ a-t-il produit de gerbes de blé ?

384. Un propriétaire achète d'abord 37 stères de bois, puis 3 stères, enfin 4 stères : combien de stères en tout ?

385. Un tonneau contient 76 litres ; quelle serait sa capacité s'il contenait 4 litres de plus ?

386. Marie, qui n'a que 85 c., veut acheter un objet qui coûte 4 c. de plus : quel est le prix de cet objet ?

387. Ajouter le nombre 5 aux nombres 1 à 100.

388. Compter par 5, jusqu'à 100, en partant du nombre 5.

389. Compter par 5, jusqu'à 96, en partant de l'unité.

390. Edmond a 45 c. et son parrain lui donne une pièce de 5 c. : combien Edmond a-t-il de centimes maintenant ?

391. Une vigne contient 79 ares ; on l'augmentera de 5 ares : quelle sera alors l'étendue superficielle de la vigne ?

392. Une école contient 46 élèves ; on en admet encore 5 : combien d'élèves en tout ?

393. La pension de Félix coûte 37 fr. par mois ; celle de Jean coûte 5 fr. de plus : combien coûte la pension de Jean ?

QUARANTE - SEPTIÈME LEÇON.

Addition des nombres 1 à 100 (suite).

394. Ajouter le nombre 6 aux nombres 1 à 100.

395. Compter par 6, jusqu'à 96, en partant du nombre 6.

396. Compter par 6, jusqu'à 97, en partant de l'unité.

397. Joseph a 68 fr.; il lui manque 6 fr. pour payer une dette : quel est le montant de cette dette ?

398. J'avais 18 c.; mon père m'a donné 5 c. et ma mère 6 c. : combien ai-je maintenant ?

399. Un cultivateur a récolté 19 sacs de pommes de terre dans un champ et 6 sacs dans un autre : combien de sacs dans les deux champs ?

400. Un marchand a reçu deux balles de café ; l'une pesait 44 kilogrammes et l'autre 6 kilogrammes de plus : quel était le poids de cette dernière ?

401. Ajouter le nombre 7 aux nombres 1 à 100.

402. Compter par 7, jusqu'à 98, en partant du nombre 7.

403. Compter par 7, jusqu'à 99, en partant de l'unité.

404. Sophie est âgée de 48 ans : quel est l'âge de Marguerite, qui a 7 ans de plus ?

405. Combien y a-t-il de jours du premier juillet au 7 août inclusivement ?

406. Un fermier avait 32 moutons ; il a acheté 7 brebis et 7 agneaux : combien a-t-il maintenant de bêtes à laine ?

407. Quelle est la somme des nombres 45, 7 et 6 ?

QUARANTE-HUITIÈME LEÇON.

Addition des nombres 1 à 100 (suite).

408. Ajouter le nombre 8 aux nombres 1 à 100.

409. Compter par 8, jusqu'à 96, en partant du nombre 8.

410. Compter par 8, jusqu'à 97, en partant de l'unité.

411. Un marchand vend pour 38 fr. de sucre, pour 7 fr. de café et pour 8 fr. de chicorée: combien a-t-il reçu?

412 Il reste 32 mètres d'une pièce de toile, à laquelle on a pris 8 mètres: quelle était la longueur de cette pièce?

413. On a gagné 8 fr. sur une marchandise qui avait coûté 74 fr.: combien l'a-t-on revendue?

414. Lydie a 17 ans; Théodore a 8 ans de plus: quel est l'âge de Théodore?

415. Ajouter le nombre 9 aux nombres 1 à 100.

416. Compter par 9, jusqu'à 99, en partant du nombre 9.

417. Compter par 9, jusqu'à 100, en partant de l'unité.

418. Il y avait dans une bourse 42 fr.; on y a ajouté 9 pièces de 1 fr.: quelle somme y a-t-il dans cette bourse?

419. Deux autres bourses contiennent, l'une 85 fr., l'autre 9 fr. de plus: combien renferme cette dernière?

420. On a payé 67 fr. un tas de bois et 9 fr. de plus un autre tas: quel est le prix de ce dernier tas?

421. Une ouvrière a acheté dans un magasin pour

36 fr. de toile, et pour 9 fr. de laine : combien a-t-elle dû payer ?

422. Jacques reçoit du tailleur un pantalon de 28 fr. et un gilet de 9 fr. : combien doit-il payer ?

423. Un homme a travaillé 17 jours à un ouvrage, puis 7 jours, enfin 9 jours : combien lui est-il dû de journées ?

424. Un petit jardin a coûté 88 fr.; on le revend avec 8 fr. de bénéfice : quel est le prix de vente ?

425. Combien font de fleurs 15 œillets, 7 tulipes et 8 soucis ?

QUARANTE-NEUVIÈME LEÇON.

Soustraction des nombres 1 à 100.

426. Soustraire le nombre 2 des nombres 2 à 100.

427. Compter par 2, en descendant, à partir du nombre 100.

428. Compter par 2, en descendant, à partir du nombre 99.

429. J'achète 2 livres; l'un coûte 25 fr., l'autre 2 fr. de moins : combien coûte ce dernier ?

430. Le mois de mars a 31 jours; le mois de février a 2 jours de moins dans une année bissextile : combien le mois de février a-t-il de jours (année bissextile)?

431. Ma mère a 50 ans, ma tante a 2 ans de moins : quel est l'âge de ma tante ?

432. J'avais 75 c.; j'en ai donné 2 à un pauvre : combien m'en reste-t-il ?

433. Soustraire le nombre 3 des nombres 3 à 10(

434. Compter par 3, en descendant, à partir (
nombre 98.

435. Un propriétaire possède une vigne de 27 are
il en cède 3 ares à son voisin : quelle est maintena
l'étendue de sa vigne ?

436. Un autre a un pré de 50 ares ; il en cède aus
3 ares à son voisin, et les deux prés deviennent égau
quelle est maintenant l'étendue de chaque pré ?

437. J'ai acheté 37 sacs de pommes de terre ; j'e
donne 3 sacs à une famille pauvre : combien me rest
t-il de sacs ?

438. Un poirier portait 21 poires ; j'en ai cueilli
combien en reste-t-il sur le poirier ?

CINQUANTIÈME LEÇON.

Soustraction des nombres 1 à 100 (suite).

439. Soustraire le nombre 4 des nombres 4 à 10(

440. Compter par 4, en descendant, à partir (
nombre 98.

441. Marie a 32 ans : quel est l'âge de Catherin
qui a 4 ans de moins ?

442. J'ai cueilli 36 noisettes sur un noisetier et
de moins sur un autre : combien ai-je cueilli de no
settes sur ce dernier ?

443. Une fermière avait 33 poulets ; elle en ven
4 : combien lui en reste-t-il ?

444. Une autre fermière avait 2 poulets de moin
elle en vend aussi 4 ; combien lui en reste-t-il ?

445. Julie avait 41 noisettes; elle en perd 4 : combien lui en reste-t-il ?

446. Retrancher le nombre 5 des nombres 5 à 100.

447. Compter par 5, en descendant, à partir du nombre 99.

448. En 1869, le mois d'août a eu 5 dimanches : combien y a-t-il eu de jours de travail ?

449. Paul a reçu 60 c. de son parrain; il en a dépensé 5 : combien lui reste-t-il ?

450. Une classe est composée de 72 élèves; 5 sont absents : combien de présents ?

451. Un propriétaire a un tas de bois de 32 stères; il en vend 5 : combien lui en reste-t-il ?

CINQUANTE-UNIÈME LEÇON.

Soustraction des nombres 1 à 100 (suite).

452. Ôter le nombre 6 des nombres 6 à 100.

453. Compter par 6, en descendant, à partir de 95.

454. Une marchandise a été vendue 40 fr.; on a gagné 6 fr. sur cette vente : combien avait-elle coûté ?

455. Un père a 35 ans : quel âge avait-il à la naissance de sa fille, qui a maintenant 6 ans ?

456. Il y a dans une école 48 enfants, dont 6 au-dessous de 7 ans : combien au-dessus de cet âge ?

457. Une personne se met au jeu avec 24 fr.; elle perd 6 fr. : combien a-t-elle encore ?

458. Soustraire le nombre 7 des nombres 7 à 100.

459. Compter par 7, en descendant, à partir de 96.

460. Un enfant a vécu 28 jours; s'il eût vécu une semaine de moins, combien aurait-il vécu de jours?

461. Un enfant voudrait acheter un ouvrage en deux volumes qui coûte 32 fr.; il lui manque 7 fr.: combien a-t-il?

462. Un ouvrier a économisé 45 fr. pendant 3 mois; il économise 7 fr. de moins les 3 mois suivants: combien a-t-il économisé en dernier lieu?

463. On a gagné 7 fr. sur une marchandise qu'on a vendue 78 fr.: combien avait-elle coûté?

CINQUANTE-DEUXIÈME LEÇON.

Soustraction des nombres 1 à 100 (suite).

464. Retrancher le nombre 8 des nombres 8 à 100.

465. Compter par 8, en descendant, à partir de 94.

466. Une vigne a rapporté une année 86 petites hottées de vendange, et une autre année 8 petites hottées de moins: combien a-t-elle rapporté de hottées en dernier lieu?

467. Une personne qui devait 92 fr., a payé toute cette dette, sauf 8 fr.: combien a-t-elle payé?

468. Si j'avais 8 ans de plus, j'aurais 53 ans: quel est mon âge?

469. Une famille achète 80 stères de bois; une autre famille fait provision de 8 stères de moins: de combien de stères cette dernière famille a-t-elle fait provision?

470. Soustraire le nombre 9 des nombres 9 à 100.

471. Compter par 9, en descendant, à partir de 97.

472. Une bourse contenait 72 fr.; on a payé une dépense de 9 fr. : combien reste-t-il ?

473. Mon verger contient 26 arbres fruitiers; celui de mon voisin, 7 de moins : combien d'arbres fruitiers contient ce dernier verger ?

474. Un tas de bois revient à 45 fr.; le transport a coûté 9 fr. : quel est le prix d'achat ?

475. Paul a travaillé 31 jours à un ouvrage, et Georges 9 jours seulement : combien de jours de moins ?

CINQUANTE-TROISIÈME LEÇON.

Addition de dizaines pures.

476. Combien font 1 dizaine et 2 dizaines ? — 1 dizaine et 5 dizaines ? — 1 dizaine et 3 dizaines ? — 1 dizaine et 9 dizaines ? — 1 dizaine et 7 dizaines ? — 1 dizaine et 4 dizaines ? — 1 dizaine et 6 dizaines ? — 1 dizaine et 8 dizaines ?

477. Quel est le nombre qui fait 4 dizaines ? — 2 dizaines ? — 8 dizaines ? — 5 dizaines ? — 1 dizaine ? — 7 dizaines ? — 3 dizaines ? — 6 dizaines ? — 9 dizaines ?

478. Combien font de francs une pièce de 10 fr. et une pièce de 20 fr. ?

479. Combien font de francs une pièce de 40 fr. et une de 10 fr. ?

480. Combien font de francs 2 pièces de 10 fr. ?

481. Combien font de francs une pièce de 50 fr. et une de 10 fr. ?

482. Combien font 20 et 10 ? — 40 et 10 ? — 70 et
10? — 10 et 10? — 50 et 10? — 90 et 10? — 30 et
10? — 60 et 10? — 80 et 10 ?

CINQUANTE-QUATRIÈME LEÇON.

Addition de dizaines pures (suite).

483. Combien font 3 dizaines et 2 dizaines ? — 6
dizaines et 2 dizaines ? — 8 dizaines et 2 dizaines ? —
4 dizaines et 2 dizaines ? — 7 dizaines et 2 dizaines ?
— 5 dizaines et 2 dizaines? — 2 dizaines et 2 dizaines ?

484. Combien font 60 et 20 ? — 80 et 20 ? — 30 et
20? — 40 et 20 ? — 70 et 20 ? — 40 et 20 ? 20 et 20 ?

485. Un double-décalitre contient 20 litres : combien y a-t-il de litres dans deux doubles-décalitres ?

486. Combien font de francs une pièce de 40 fr. et une de 20 fr. ?

487. Combien font de francs une pièce de 50 fr. et une de 20 fr. ?

488. Paul est âgé de 30 jours et Jules a 20 jours de plus : quel est l'âge de Jules ?

489. Mon père a acheté une charrue de 80 fr. et une herse de 20 fr. : combien lui coûtent ces deux objets ?

490. Deux personnes se sont partagé un tas de fagots; l'une en a eu 70 et l'autre 20 : combien y avait-il de fagots ?

491. On respire environ 20 fois par minute : combien de fois dans deux minutes ?

492. J'ai acheté pour 30 fr. de livres et pour 20 fr. de papier : pour combien en tout ?

493. Jacob a 60 c. et Gustave 20 c. : combien ont-ils de centimes à eux deux ?

CINQUANTE-CINQUIÈME LEÇON.

Addition de dizaines pures (suite).

494. Combien font 3 dizaines et 3 dizaines ? — 5 dizaines et 3 dizaines ? — 7 dizaines et 3 dizaines ? — 6 dizaines et 3 dizaines? — 4 dizaines et 3 dizaines?

495. Combien font 40 et 30 ? — 60 et 30? — 70 et 30? — 30 et 30? — 50 et 30 ?

496. 4 mètres d'étoffe m'ont coûté 40 fr., et deux mètres d'une autre étoffe m'ont coûté 30 fr. : quelle somme m'a-t-il fallu pour payer cet achat ?

497. Le mois de septembre a 30 jours; le mois de novembre a aussi 30 jours : combien de jours pour les deux mois ensemble ?

498. Combien font 4 dizaines et 4 dizaines ? — 5 dizaines et 4 dizaines? — 6 dizaines et 4 dizaines? — 5 dizaines et 5 dizaines ?

499. Combien font 50 et 40 ? — 60 et 40 ? — 40 et 40 ? — 50 et 50 ?

500. Quel est le prix de deux douzaines d'œufs à 40 c. la douzaine ?

501. Je vous ai livré une charrue pour 60 fr. et un rouleau pour 40 fr. : combien me devez-vous ?

502. Combien font de francs une pièce de 50 fr. et une pièce de 40 fr. ?

503. Combien font de francs deux pièces de 50 fr. ?
504. Combien font de francs deux pièces de 40 fr. ?

CINQUANTE-SIXIÈME LEÇON.

Addition de dizaines pures avec des nombres mixtes.

505. Combien font 20 et 12 ? — 20 et 18 ? — 40 et 25 ? — 30 et 17 ? — 50 et 32 ? 70 et 28 ? — 80 et 16 ? — 90 et 9 ? — 30 et 42 ? — 70 et 24 ? — 20 et 65 ? — 60 et 25 ? etc.

506. Le jour a 24 heures : combien d'heures dans un jour et 20 heures ?

507. Combien font de minutes 1 heure et 15 minutes ?

508. J'achète un mètre de drap à 18 fr. et un autre à 20 fr. : combien dois-je pour ces deux mètres ?

509. Un épicier a vendu un jour pour 25 fr., et le jour suivant pour 30 fr. : combien pour ces deux jours ?

510. Le mois d'avril a 30 jours et le mois de mai 31 jours : combien de jours ont les deux mois ensemble ?

511. Ma mère a dépensé 20 fr. cette semaine et 14 fr. la semaine dernière ; combien pour les deux semaines ?

512. Jules a mangé 15 noisettes à son déjeûner et 10 à son dîner : combien en tout ?

513. Un petit baril contient un double-décalitre ; un autre contient 25 litres : combien ces deux barils contiennent-ils de litres en tout ?

514. Une école contient deux divisions, dont l'une a 18 élèves et l'autre 20 : combien d'élèves en tout ?

515. Une demi-heure a 30 minutes : combien de minutes dans une demi-heure plus 15 minutes ?

516. Une allée a 28 mètres de long ; une autre a 2 mètres de plus : quelle est la longueur totale de ces deux allées ?

517. Combien de centimes font une pièce de 20 c. et 35 c. ?

518. Léon a 14 ans et son père 40 : combien d'années ont-ils ensemble ?

CINQUANTE-SEPTIÈME LEÇON.

Addition de dizaines pures avec des nombres mixtes (suite).

519. Une pièce de drap contenait 34 mètres ; une autre 40 mètres : combien de mètres pour les deux pièces ?

520. Un fermier a vendu un sac de froment 25 fr., et un sac de seigle 20 fr. : combien doit-il recevoir ?

521. Combien de mètres de toile dans deux pièces, dont l'une a 38 mètres et l'autre 60 mètres ?

522. Un cultivateur a vendu des pommes pour 36 fr. et des poires pour 40 fr. : combien cela fait-il d'argent ?

523. Un cultivateur a un pré de quatre-vingts ares et un autre de douze ares : combien d'ares de pré ?

524. Paul avait 60 moutons ; il a acheté 18 brebis et 7 agneaux : combien a-t-il maintenant de bêtes à laine ?

525. La rame de papier contient 20 mains : combien de mains dans une rame et 16 mains ?

526. J'ai appris la semaine dernière 32 numéros de grammaire, et cette semaine 40 : combien de numéros en tout ?

527. Mon fils a 16 ans ; j'ai 30 ans de plus que lui : quel est mon âge ?

528. Il y a 30 pommiers, 10 poiriers et 12 cerisiers dans le verger de mon oncle : combien d'arbres en tout ?

529. Un cheval produit 25 voitures de fumier par an ; une vache, 30 ; combien de voitures ces deux animaux produisent-ils annuellement ?

530. Combien y a-t-il de jours du 1er avril au 15 mai inclusivement ?

531. Quelle est la somme de 3 dizaines plus 48 unités ?

532. Il y a deux écoles dans une commune ; l'une compte 45 élèves, l'autre 5 de plus : combien cela fait-il d'élèves en tout ?

CINQUANTE-HUITIÈME LEÇON.

Addition de nombres mixtes.

533. Combien font 12 et 25 ? — 23 et 34? — 64 et 31? — 46 et 52 ? — 73 et 26? — 85 et 13? — etc.

534. Le mois de février a 28 jours et le mois de mars 31 : combien, les deux mois ensemble ?

535. La moitié d'une allée est de 23 mètres : quelle est la longueur de l'allée entière ?

536. Pierre a deux troupeaux de brebis ; le premier compte 43 têtes et le second 9 de plus : quel est le nombre total ?

537. Un épi d'avoine contient 36 grains : combien de grains dans deux épis semblables ?

538. Charles a 18 billes ; Léon en a 25 : combien de billes pour les deux ?

539. Le jour a 24 heures : combien d'heures dans deux jours ?

540. Combien a déjà vécu d'heures un enfant âgé de 4 jours ?

541. Combien font d'arbres 56 pommiers et 44 poiriers ?

542. Le lard provenant d'un cochon a été divisé en deux parties de chacune 35 kilogrammes : quel est le poids total de ce lard ?

543. Un ménage a acheté 25 stères de chêne et 48 stères de hêtre : combien de stères en tout ?

544. J'ai mené au marché 48 hectolitres de blé et 15 hectolitres d'avoine : combien d'hectolitres en tout ?

545. Eugène a reçu une douzaine de pommes ; Jean en a 28 : combien ont-ils de pommes à eux deux ?

546. Louis possède 42 fr. ; Eugène son frère a 9 fr. de plus : combien cela fait-il en tout ?

547. Dans une prairie paissent 18 bœufs, 7 vaches et 25 chevaux : combien d'animaux en tout ?

548. Un homme dépense 15 fr. par mois pour son logement : combien par trimestre ?

CINQUANTE-NEUVIÈME LEÇON.

Addition de nombres mixtes (suite et fin).

549. La pièce de 5 fr. en argent pèse 25 grammes: quel est le poids de deux pièces de 5 fr?

550. J'ai lu 18 pages avant le dîner et autant après le dîner: combien ai-je lu de pages aujourd'hui?

551. Un journalier a travaillé une première fois 26 journées et une seconde fois 36 journées: en tout combien de journées?

552. Un propriétaire donne 25 centimes pour élaguer un peuplier: combien coûtera l'élagage de trois de ces arbres?

553. Il me faut une demi-heure pour écrire une page: combien de minutes pour écrire une page et demie?

554. Combien y a-t-il de jours, année commune, dans les trois premiers mois de l'année?

555. Combien y a-t-il de jours, dans les trois derniers mois de l'année?

556. Combien de minutes dans une heure et un quart?

557. Ma vigne m'a produit cette année 29 hottées de raisin et l'an dernier 8 de moins: combien de hottées pour les deux années?

558. J'avais 25 fr.; j'en ai reçu 19: combien ai-je maintenant?

559. L'école des garçons d'une commune comprend 48 élèves et celle des filles, 52: combien d'élèves en tout?

560. J'ai fait dernièrement un voyage qui a duré,

deux jours; j'ai parcouru 35 kilomètres le premier jour et 8 de plus le second: quelle distance ai-je parcourue dans ces deux jours ?

561. Mon père a gagné 49 fr. ce mois-ci ; j'ai gagné 26 fr.: combien pour les deux?

562. J'ai dans ma bourse une pièce de 20 fr., 3 de 5 fr. et 16 pièces de 1 fr.: combien en tout?

563. Un marchand gagne un jour 17 fr. et le lendemain 5 fr. de moins: combien pour les deux jours?

564. Combien de mois dans deux ans et demi ?

565. A 27 fr. le mètre de drap, combien coûteront 2 mètres ?

566. Dans une famille, le père gagne 18 fr. par semaine, la mère 15 fr., et le fils aîné 12 fr.: combien pour les trois?

SOIXANTIÈME LEÇON

Soustraction de dizaines pures.

567. Retrancher 1 dizaine de 2 dizaines, — de 4 dizaines, — de 8 dizaines, — de 3 dizaines, — de 7 dizaines, — de 5 dizaines, — de 9 dizaines, — de 6 dizaines.

568. Oter 10 de 20, — de 80, — de 30, — de 70, — de 50, — de 90, — de 40, — de 60.

569. J'avais une pièce de 20 fr., j'ai dépensé 10 fr.; combien me reste-t-il ?

570. Pauline achète pour 10 fr. de toile et présente une pièce de 40 fr.; combien doit-on lui rendre ?

571. On lui rend trois pièces d'or; quelle est la valeur de chacune?

572. Il me manque 10 fr. pour acheter un meuble qui coûte 70 fr.: combien ai-je?

573. Retrancher 2 dizaines de 4 dizaines, — de 9 dizaines, — de 6 dizaines, — de 5 dizaines, — de 8 dizaines, — de 3 dizaines, — de 7 dizaines.

574. Oter 20 de 40, — de 60, — de 90, — de 50, — de 80, — de 20, — de 70, — de 30.

575. Julie a 30 fr.; elle achète pour 20 fr. de drap: combien lui restera-t-il?

576. Léon a 50 pièces de 1 c.; Louis en a 20: combien de moins que Léon?

577. Une fermière a vendu des denrées pour 60 fr.; elle achète deux mètres de toile à 10 fr. l'un: combien a-t-elle de reste?

578. Une pièce de toile contenait 80 mètres; on en détache 20 mètres: combien reste-t-il de mètres?

SOIXANTE-UNIÈME LEÇON.

Soustraction de dizaines pures (suite).

579. Retrancher 3 dizaines de 10 dizaines, — de 7 dizaines, — de 5 dizaines, — de 3 dizaines, — de 9 dizaines, — de 6 dizaines, — de 8 dizaines, — de 4 dizaines.

580. Oter 30 de 100, — de 50, — de 70, — de 90, — de 60, — de 40, — de 80.

581. Mon père a 70 ans; j'ai 30 ans de moins: quel est mon âge?

582. J'ai une dette de 90 fr.; il me manque 30 fr. pour payer cette dette: combien ai-je d'argent?

583. D'un baril de vin de 5 décalitres, on a soutiré 30 litres: combien reste-t-il de litres?

584. Un père de famille achète 8 décastères de bois; il en cède 30 stères à son voisin: combien lui reste-t-il de stères?

585. Retrancher 4 dizaines de 7 dizaines, de 9 dizaines, — de 5 dizaines, — de 8 dizaines, — de 4 dizaines, — de 6 dizaines, — de 10 dizaines.

586. Oter 40 de 70, — de 50, — de 90, — de 80, — de 40, — de 60, — de 100.

587. Un boucher a tiré 60 fr. d'un veau qui lui avait coûté 40 fr.: combien a-t-il gagné?

588. Un cultivateur a vendu pour 90 fr. d'avoine; il a acheté pour 40 fr. de blé: de combien sa vente surpasse-t-elle son achat?

589. Un pré a 50 ares de superficie; un jardin a 40 ares: quelle est la différence de superficie?

590. Paul avait 80 fr.; il a dépensé 40 fr.: combien lui reste-t-il?

SOIXANTE-DEUXIÈME LEÇON.

Soustraction de dizaines pures (suite).

591. Retrancher 5 dizaines de 8 dizaines, — de 10 dizaines, — de 7 dizaines, — de 5 dizaines, — de 6 dizaines.

592. Oter 50 de 100, — de 80, — de 70, — de 60, — de 50.

593. Une famille a 80 fr. de revenu par semaine et dépense 50 fr.: combien met-elle de côté?

594. Je devais 100 fr.; j'ai payé 50 fr.: combien dois-je encore?

595. Firmin avait 7 pièces de 10 c.: il lui reste 50 c.: combien a-t-il dépensé?

596. Quelqu'un achète pour 50 fr. de marchandise et donne en paiement 3 pièces de 20 fr.: combien doit-on lui rendre?

597. Retrancher 6 dizaines de 8 dizaines, — de 10 dizaines, — de 7 dizaines, — de 9 dizaines, — de 6 dizaines.

598. Oter 60 de 80, — de 70, — de 100, — de 90, — de 60.

599. Léon achète pour 60 fr. de drap et donne deux pièces de 40 fr.: combien doit-on lui rendre?

600. On a pris 60 fr. dans une bourse qui contenait 100 fr.: combien reste-t-il dans cette bourse?

601. Un tonneau peut contenir 90 litres; on y verse d'abord 5 décalitres, puis 2 décalitres de vin: de combien s'en faut-il que le tonneau soit plein?

602. Emile, qui n'a que 60 c., veut acheter un livre qui coûtera 70 c.: combien doit-il demander à ses parents?

SOIXANTE-TROISIÈME LEÇON.

Soustraction de dizaines pures (suite).

603. Retrancher 7 dizaines de 9 dizaines, — de 10 dizaines, — de 8 dizaines.

604. Ôter 70 de 90, — de 100, — de 70, — de 80.

605. Pierre achète pour 70 fr. de marchandise et présente un billet de 100 fr.: combien doit-on lui rendre.

506. J'ai lu hier 70 pages et aujourd'hui 90 pages: combien ai-je lu de pages de plus aujourd'hui?

607. Eugénie a 80 c.; elle donne 30 c. à un pauvre et 40 c. à un autre: combien lui reste-t-il?

608. Emile son frère a 10 c. de moins: il donne aussi 30 c. à un pauvre et 40 c. à un autre: combien lui reste-t-il?

609. Retrancher 8 dizaines de 10 dizaines, — de 9 dizaines.

610. Ôter 80 de 100, — de 80, — de 90.

611. Marie avait 100 cerises; elle en donne 40 à Julie et autant à Louise: combien en a-t-elle encore?

612. Joseph a 90 fr.: Gustave a une pièce de 50 fr. et 3 pièces de 10 fr.: combien a-t-il de moins?

613. Retrancher 9 dizaines de 10 dizaines, — de 9 dizaines. — Ôter 90 de 100.

614. Un fermier a vendu pour 100 fr. de blé; il achète pour 50 fr. d'avoine et pour 40 fr. de seigle; de combien sa vente surpasse-t-elle son achat?

SOIXANTE-QUATRIÈME LEÇON.

Soustraction avec des dizaines pures et des nombres mixtes.

615. Soustraire 10 de 13, — de 15, — de 19, — de 12, — de 16, — de 21, — de 26, — de 35, — de 42, — de 59, — de 64, — de 77, — de 86, — de 98, — etc. — Soustraire 14 de 30, de 40, de 50, etc.

616. D'une pièce d'étoffe de 48 mètres, on détache 10 mètres: combien reste-t-il de mètres?

617. Retrancher 20 de 31, de 46, de 57, de 68, de 75, de 84, de 99, etc. — Retrancher 25 de 40, de 50, de 60, de 70, etc.

618. J'ai 56 fr. dans ma bourse; je dépense 20 fr.: combien aurai-je encore?

619. Soustraire 30 de 39, de 45, de 58, de 67, de 73, de 81, de 94, etc. — Soustraire 36 de 50, de 60, de 70, de 80, etc.

620. Le père de Jules a 64 ans; Jules a 30 ans de moins: quel est son âge?

621. Retrancher 40 de 51, de 66, de 74, de 83, de 91, de 98, etc. — Retrancher 43 de 60, de 70, de 80, etc.

622. Combien doit-on encore sur 75 fr. après avoir payé 40 fr.?

623. Soustraire 50 de 66, de 71, de 79, de 85, de 92, etc.

624. Un ouvrier qui doit 65 fr. à son boulanger, lui donne deux pièces de 20 fr. et une pièce de 10 fr.: combien lui doit-il encore?

625. Oter 60 de 73, de 84, de 95, de 98, etc.

626. Un objet a été vendu 76 fr.; il avait coûté 60 fr.: combien a-t-on gagné?

627. Soustraire 70 de 82, de 87, de 93, etc.

628. Alfred a placé cette année 92 fr. à la caisse d'épargne; l'an dernier il avait placé 70 fr.: quelle est la différence des placements?

629. Retrancher 80 de 91, de 95, de 99, etc.

630. Une boîte contenait 96 plumes métalliques; on en a ôté 80: combien en reste-t-il?

631. Un ouvrier est convenu de faire un fossé pour 95 fr.; on lui paye d'abord 40 fr., puis 30 fr., puis 20 fr.: combien reste-t-il à lui payer?

SOIXANTE-CINQUIÈME LEÇON.

Soustraction avec des nombres mixtes.

632. Oter 12 de 25, 14 de 38, 21 de 47, 32 de 66, 44 de 89, 15 de 51, 26 de 48, 59 de 73, 64 de 81, 75 de 96, etc.

633. Un ouvrier avait gagné 48 fr., mais il n'a reçu que 25 fr.: combien lui doit-on encore?

634. Jacques emploie chaque jour 16 heures au travail: combien lui en reste-t-il pour le repos?

635. Une personne a donné 45 fr. pour payer une dépense de 66 fr.: combien doit-elle encore?

636. Une personne entre au jeu avec 78 fr; elle en sort avec 25 fr.: combien a-t-elle perdu?

637. Un ouvrier doit 85 fr.; il paye à-compte 2

pièces de 20 fr. et 2 de 2 fr. : combien doit-il encore?

638. Une servante gagne 56 fr. par mois; elle voudrait mettre de côté 29 fr. : combien lui restera-t-il à dépenser?

639. Gustave et Louis achètent 26 pêches; Gustave en prend 12 : combien en reste-t-il pour Louis?

640. Un fermier a récolté 86 gerbes dans un champ et 37 de moins dans un autre: combien dans ce dernier?

641. Louise avait 75 c.; elle en dépense 42: combien en a-t-elle encore?

642. Un enfant a vécu deux jours; un autre enfant a vécu 16 heures: combien d'heures de moins?

SOIXANTE-SIXIÈME LEÇON.

Soustraction avec des nombres mixtes (suite et fin).

643. Un pêcheur a attrapé 49 petits poissons; il en a donné 22 à son voisin: combien lui en reste-t-il?

644. Un colporteur a vendu 75 ouvrages cette semaine et 42 la semaine dernière: combien d'ouvrages de moins?

645. Un employé gagne 100 fr. par mois et dépense 68 fr.: combien met-il de côté?

646. Un cultivateur possède un champ de 38 ares; il se voit obligé d'en vendre 17 ares: combien lui en restera-t-il d'ares?

647. Un marchand avait 36 fr. dans son comptoir

e matin; le soir, il a compté 82 fr.: quelle a été sa recette de la journée?

648. Un ouvrier a bêché un champ de 28 ares, et un autre champ de 42 ares: quelle est la différence de superficie de ces deux champs?

649. Jules avait 2 pièces de 20 fr. et une de 5 fr.; il a dépensé 23 fr.: combien a-t-il encore?

650. Une servante va au marché avec 32 fr., elle dépense 18 fr.: combien lui reste-t-il?

651 Un voyageur faisait 100 mètres à la minute; un autre voyageur en faisait 85 m.: combien de moins que le premier?

652. Julie a acheté pour 90 fr. de calicot; elle n'a que 6 pièces de 10 fr. et une pièce de 5 fr: combien lui manque-t-il?

SOIXANTE-SEPTIÈME LEÇON.

Multiplication avec les nombres 1 à 100.

Un père de famille a distribué 4 pêches à chacun de ses trois enfants: combien a-t-il distribué de pêches?

Évidemment le père a distribué 4 pêches au premier, 4 au second et 4 au troisième, c'est-à-dire 4 + 4 + 4 ou 12 pêches.

Mais au lieu de dire 4 + 4 + 4 = 12, on peut dire et l'on dit: 3 fois 4 = 12.

On arrive ainsi plus promptement au résultat que par l'addition.

L'opération qui a pour but d'abréger l'addition s'appelle *multiplication*. Le nombre 4, répété ou ajouté à lui-même un certain nombre de fois, se nomme *multiplicande*. Le nombre 3, qui indique que le multiplicande est répété 3 fois, s'appelle *multiplicateur*.

12 est le *produit* de la multiplication de 4 par 3.

Le multiplicande et le multiplicateur s'appellent encore *facteurs* du produit.

Pour exprimer que 3 fois $4 = 12$, on écrit:
$$4 \times 3 = 12.$$

La croix oblique ou penchée que l'on place entre les deux facteurs, s'énonce *multiplié par*.

Questionnaire.

Qu'est-ce que la multiplication ? — Quelle est l'opération que la multiplication abrége? Qu'appelle-t-on multiplicande? — multiplicateur? — produit? — facteurs du produit?

Quel est le signe de la multiplication?

A réciter.

27. — La multiplication est une opératiou par laquelle on répète un nombre appelé multiplicande, autant de fois qu'il y a d'unités dans un autre appelé multiplicateur.

28. — On appelle multiplicande le nombre que l'on répète, et multiplicateur le nombre qui indique combien de fois on répète.

Le résultat de la multiplication se nomme produit.

29. — On appelle facteurs du produit ou simplement facteurs le multiplicande et le multiplicateur.

30. — La multiplication s'indique par une croix penchée que l'on met entre le multiplicande et le multiplicateur, et qui se prononce multiplié par.

SOIXANTE-HUITIÈME LEÇON.

—

ultiplication des 10 premiers nombres par 2.

653. Ajouter chacun des 10 premiers nombres 2
s à lui-même.

$$1 + 1 = 2 \text{ fois } 1$$
$$2 + 2 = 2 \text{ fois } 2$$
$$3 + 3 = 2 \text{ fois } 3$$
$$4 + 4 = 2 \text{ fois } 4$$
$$5 + 5 = 2 \text{ fois } 5$$
$$6 + 6 = 2 \text{ fois } 6$$
$$7 + 7 = 2 \text{ fois } 7$$
$$8 + 8 = 2 \text{ fois } 8$$
$$9 + 9 = 2 \text{ fois } 9$$
$$10 + 10 = 2 \text{ fois } 10$$

654. L'homme a 5 doigts à chaque main : combien
x deux mains ?

655. La semaine a 7 jours : combien de jours dans
emaines ?

656. Combien 2 pièces de 5 fr. valent-elles de francs?

657. Georges et Paul ont reçu chacun 3 poires
ur leur goûter : combien en tout ?

658. Une chambre a deux croisées qui comprennent
acune 6 carreaux : combien pour les deux ?

659. Un quadrupède a 4 pieds : combien 2 quadru-
les ont-ils de pieds ?

660. J'ai fait un voyage qui a duré 2 jours, et je
courais chaque jour 9 kilomètres : combien de kilo-
tres ai-je parcourus pendant ces 2 jours ?

661. Une cour a une longueur de 2 décamètres: combien cela fait-il de mètres ?

662. J'ai mangé 8 amandes à mon déjeuner et autant à mon souper: combien ai-je mangé d'amandes à ces deux repas?

663. Un journalier gagne 2 fr. par jour : combien dans 2 jours?

664. Le mois a 4 semaines entières: combien 2 mois font-ils de semaines entières?

(Multiplier un nombre par 2, c'est prendre le double de ce nombre).

SOIXANTE-NEUVIÈME LEÇON.

Multiplication des 10 premiers nombres par 3.

665. Ajouter chacun des 10 premiers nombres 3 fois à lui même.

$$1 + 1 + 1 = 3 \text{ fois } 1$$
$$2 + 2 + 2 = 3 \text{ fois } 2$$
$$3 + 3 + 3 = 3 \text{ fois } 3$$
$$4 + 4 + 4 = 3 \text{ fois } 4$$
$$5 + 5 + 5 = 3 \text{ fois } 5$$
$$6 + 6 + 6 = 3 \text{ fois } 6$$
$$7 + 7 + 7 = 3 \text{ fois } 7$$
$$8 + 8 + 8 = 3 \text{ fois } 8$$
$$9 + 9 + 9 = 3 \text{ fois } 9$$
$$10 + 10 + 10 = 3 \text{ fois } 10$$

666. Combien 3 semaines font-elles de jours?

667. Combien 3 pièces de 5 fr. font-elles de francs?

668. Le père, la mère et le parrain de Paul lui ont donné chacun 4 fr.: combien a-t-il reçu?

669. Un ouvrier gagne 6 fr. par jour: combien gagne-t-il dans la moitié d'une semaine? (Il ne travaille pas le dimanche).

670. Un autre ouvrier ne gagne que la moitié de ce que gagne le précédent: combien gagne-t-il dans 3 jours?

671. Combien de carreaux dans 3 fenêtres de 8 carreaux chacune?

672. Combien de litres dans 3 barils contenant chacun un décalitre?

673. Georges a une pièce de 5 fr. et 2 pièces de 2 fr.; son frère a 3 fois plus d'argent: combien possède-t-il?

674. J'ai acheté 3 livres qui m'ont coûté chacun 6 fr.; je présente une pièce de 20 fr. pour les payer: combien doit-on me rendre?

675. Une bourse contient 2 pièces de 5 fr. et 3 pièces de 2 fr.: combien manque-t-il pour faire 20 francs?

(Multiplier un nombre par 3, c'est prendre le triple de ce nombre).

SOIXANTE-DIXIÈME LEÇON.

Multiplication des 10 premiers nombres par 4.

676. Ajouter chacun des 10 premiers nombres 4 fois à lui-même.

677. Combien de jours dans 4 semaines ?

678. Combien de centimes dans 4 pièces de 5 c. ?

679. Un semestre est une durée de 6 mois : combien de mois dans 4 semestres ?

680. Mon petit neveu a une semaine et 1 jour : quel est l'âge de Charles, qui est 4 fois plus âgé ?

681. Le trimestre est une durée de 3 mois : combien de mois dans 4 trimestres ?

682. L'année comprend 4 trimestres : combien de trimestres dans 4 années ?

683. Combien faut-il ajouter à 4 fois 9 fr. pour avoir la somme de 40 fr. ?

684. Combien valent de francs 4 pièces de 2 fr., plus 4 pièces de 10 fr. ?

685. Combien de litres font 4 décalitres et demi ?

686. Combien y a-t-il de jours ouvrables dans 2, 3, 4 semaines ?

687. Un orage a brisé 6 vitres à 4 fenêtres qui ont chacune 8 carreaux : combien reste-t-il de carreaux entiers à ces 4 fenêtres ?

(Multiplier un nombre par 4, c'est prendre le quadruple de ce nombre.)

SOIXANTE-ONZIÈME LEÇON.

Multiplication des 10 premiers nombres par 5.

688. Ajouter chacun des 10 premiers nombres 5 fois à lui-même.

689. Combien de jours dans 5 semaines ?

690. Combien de francs dans 5 pièces de 5 fr., plus 5 pièces de 2 fr. ?

691. Combien de doigts ont 5 enfants ?

692. Félix a gagné pendant 5 jours 6 fr. par jour, et le 6me jour 8 fr. : combien en tout ?

693. Quel est le prix de 5 stères de bois à 9 fr. le stère ?

694. Que doit-on rendre à un acheteur qui présente 3 pièces de 20 fr. pour payer ces 5 stères ?

695. Quel est le prix de 5 objets à 8 fr. l'un ?

696. Combien coûtent 5 dictionnaires à 3 fr. l'un ?

697. Un marchand gagne un jour 4 fr. ; le lendemain, il gagne 5 fois plus : combien pour ces deux jours ?

(Multiplier un nombre par 5, c'est prendre le quintuple de ce nombre).

SOIXANTE-DOUZIÈME LEÇON.

Multiplication des 10 premiers nombres par 6.

698. Ajouter chacun des 10 premiers nombres 6 fois à lui-même.

699. Combien de jours dans 6 semaines ?

700. Combien de francs dans 6 pièces de 10 fr., plus 6 pièces de 5 fr. ?

701. Quel est le prix d'une demi-douzaine de chaises, à 4 fr. l'une ?

702. Combien coûte un ouvrage de 6 volumes, à 3 fr. le volume ?

703. Combien de bas dans 6 paires de bas ?

704. Jacques et Georges gagnent ensemble 8 fr
par jour : combien par semaine ?

705. Une ménagère achète 6 mètres d'étoffe à 9 fr
le mètre ; elle a 60 fr. : combien aura-t-elle de reste

706. Léon a 3 pièces de 2 fr. : combien a Joseph
qui possède 6 fois plus ?

*(Multiplier un nombre par 6, c'est prendre l
sextuple de ce nombre.)*

SOIXANTE-TREIZIÈME LEÇON.

Multiplication des 10 premiers nombres par 7

707. Ajouter chacun des 10 premiers nombres 7
fois à lui-même.

708. Combien de jours font 7 semaines ?

709. Combien de francs font 7 pièces de 10 fr.
plus 5 pièces de 5 fr. ?

710. Une famille dépense 8 fr. par jour : combien
par semaine ?

711. Quel est le prix de 7 objets à 6 fr. l'un ?

712. Une servante achète pour 48 fr. ; elle a 7
pièces de 5 fr. et 7 pièces de 2 fr. : combien aura-t-elle
de reste ?

713. Quel est le prix de 7 mètres d'étoffe à 9 fr. le
mètre ?

714. Combien coûteront 7 chaises à 3 fr. l'une ?

715. Un ouvrier dépense 4 fr. par jour : combien

ar semaine, et combien a-t-il de reste, s'il gagne
2 fr. ?

*(Multiplier un nombre par 7, c'est prendre le
eptuple de ce nombre).*

SOIXANTE-QUATORZIÈME LEÇON.

Multiplication des 10 premiers nombres par 8.

716. Ajouter chacun des 10 premiers nombres 8
is à lui-même.

717. Combien de jours font 8 semaines ?

718. Combien font de francs 8 pièces de 5 fr., plus
pièces de 2 fr. ?

719. Une bonne mère voudrait donner 9 amandes
chacun de ses 8 enfants : combien doit-elle se pro-
irer d'amandes ?

720. Charles achète 8 volumes à 6 fr. le volume et
iye avec un billet de 50 fr. ; combien doit-on lui
ndre ?

721. Pauline a 8 pièces de 10 fr., elle achète 8
ètres d'étoffe à 8 fr. le mètre : combien aura-telle
reste après avoir payé ?

722. Combien de pieds ont 8 chevaux ?

723. Combien coûteront 8 casquettes à 3 fr. pièce ?
*(Multiplier un nombre par 8, c'est prendre l'oc-
iple de ce nombre).*

SOIXANTE-QUINZIÈME LEÇON.

Multiplication des 10 premiers nombres par 9.

724. Ajouter chacun des 10 premiers nombres 9 fois à lui-même.

725. Combien de jours font 9 semaines ?

726. Combien de francs font 9 pièces de 5.fr., plus 9 pièces de 2 fr. ?

727. On emploie 6 mètres d'étoffe pour une robe : combien pour 9 robes ?

728. Combien 9 trimestres font-ils de mois ?

729. Un marchand vend 9 chaises à 4 fr. l'une ; combien doit-il rendre à l'acheteur, qui présente 8 pièces de 5 fr. pour payer cet achat ?

730. Une couturière vend 9 chemises à 9 fr. l'une ; combien lui est-il dû ?

731. Quelqu'un achète 9 mètres d'étoffe à 8 fr. le mètre et paye avec 4 pièces de 20 fr. ; combien doit-on lui rendre ?

732. On a soutiré 35 litres d'un tonneau contenant 9 décalitres de vin : combien y reste-t-il de litres ?

(Multiplier un nombre par 9, c'est prendre le nonuple de ce nombre.)

SOIXANTE-SEIZIÈME LEÇON.

Multiplication des 10 premiers nombres par 10.

733. Ajouter chacun des 10 premiers nombres 10 fois à lui-même.

734. Le franc pèse 5 grammes : combien de grammes pèsent 2, 3, 4, 5, 6, 7, 8, 9, 10 pièces de 1 fr. ?

735. La semaine a 7 jours : combien de jours dans 2, 3, 4, 5, 6, 7, 8, 9, 10 semaines ?

736. Il y a 6 jours ouvrables dans une semaine : combien de jours ouvrables dans 2, 3, 4, 5, 6, 7, 8, 9, 10 semaines ?

737. Le décamètre vaut 10 mètres : combien valent de mètres 2, 3, 4, 5, 6, 7, 8, 9, 10 décamètres ?

738. Le double-litre contient 2 litres : combien contiennent de litres 2, 3, 4, 5, 6, 7, 8, 9, 10 doubles-litres ?

739. Le trimestre est une durée de 3 mois : combien de mois dans 2, 3, 4, 5, 6, 7, 8, 9, 10 trimestres ?

740. Combien 2, 3, 4, 5, 6, 7, 8, 9, 10 hommes ont-ils de doigts sans compter les pouces ?

741. Une voiture a ordinairement 4 roues : combien de roues ont 2, 3, 4, 5, 6, 7, 8, 9, 10 voitures ?

742. Un gilet a coûté 9 fr. : combien coûteront 2, 3, 4, 5, 6, 7, 8, 9, 10 gilels de même prix ?

(Multiplier un nombre par 10, c'est prendre le décuple de ce nombre).

TABLE DE MULTIPLICATION.

2 fois 1 font 2	5 fois 1 font 5	8 fois 1 font 8
2 — 2 — 4	5 — 2 — 10	8 — 2 — 16
2 — 3 — 6	5 — 3 — 15	8 — 3 — 24
2 — 4 — 8	5 — 4 — 20	8 — 4 — 32
2 — 5 — 10	5 — 5 — 25	8 — 5 — 40
2 — 6 — 12	5 — 6 — 30	8 — 6 — 48
2 — 7 — 14	5 — 7 — 35	8 — 7 — 56
2 — 8 — 16	5 — 8 — 40	8 — 8 — 64
2 — 9 — 18	5 — 9 — 45	8 — 9 — 72
2 — 10 — 20	5 — 10 — 50	8 — 10 — 80
3 fois 1 font 3	6 fois 1 font 6	9 fois 1 font 9
3 — 2 — 6	6 — 2 — 12	9 — 2 — 18
3 — 3 — 9	6 — 3 — 18	9 — 3 — 27
3 — 4 — 12	6 — 4 — 24	9 — 4 — 36
3 — 5 — 15	6 — 5 — 30	9 — 5 — 45
3 — 6 — 18	6 — 6 — 36	9 — 6 — 54
3 — 7 — 21	6 — 7 — 42	9 — 7 — 63
3 — 8 — 24	6 — 8 — 48	9 — 8 — 72
3 — 9 — 27	6 — 9 — 54	9 — 9 — 81
3 — 10 — 30	6 — 10 — 60	9 — 10 — 90
4 fois 1 font 4	7 fois 1 font 7	10 fois 1 font 10
4 — 2 — 8	7 — 2 — 14	10 — 2 — 20
4 — 3 — 12	7 — 3 — 21	10 — 3 — 30
4 — 4 — 16	7 — 4 — 28	10 — 4 — 40
4 — 5 — 20	7 — 5 — 35	10 — 5 — 50
4 — 6 — 24	7 — 6 — 42	10 — 6 — 60
4 — 7 — 28	7 — 7 — 49	10 — 7 — 70
4 — 8 — 32	7 — 8 — 56	10 — 8 — 80
4 — 9 — 36	7 — 9 — 63	10 — 9 — 90
4 — 10 — 40	7 — 10 — 70	10 — 10 — 100

SOIXANTE-DIX-SEPTIÈME LEÇON.

Division des nombres 1 à 100.

Un ouvrier dépense 2 fr. par jour : dans combien de jours aura-t-il dépensé 10 fr. ?

Il est évident que l'ouvrier mettra autant de jours pour dépenser 10 fr., que la somme de 2 fr. pourra être prise dans 10 fr., ou retranchée de 10 fr. :

$$1^{re} \text{ fois, } 10 - 2 = 8.$$
$$2^{e} \text{ fois, } 8 - 2 = 6.$$
$$3^{e} \text{ fois, } 6 - 2 = 4.$$
$$4^{e} \text{ fois, } 4 - 2 = 2.$$
$$5^{e} \text{ fois, } 2 - 2 = 0.$$

2 francs sont contenus 5 fois dans 10 fr.; donc l'ouvrier aura dépensé cette somme dans 5 jours, puisqu'il pourra prendre 5 fois 2 fr. dans 10 fr.

Mais au lieu de faire 5 soustractions successives, on peut dire et l'on dit, lorsqu'on connaît de mémoire la table de multiplication : en 10, combien de fois 2 ? — 5 fois.

Le résultat est plus promptement trouvé que par la soustraction.

L'opération qui a pour but d'abréger la soustraction s'appelle *division*.

Le nombre 10, qui est le nombre *contenant*, s'appelle *dividende*; le nombre 2, qui est le nombre *contenu*, s'appelle *diviseur*, 5 est le *quotient* de la division de 10 par 2 : il exprime *combien de fois* le dividende contient le diviseur.

Pour exprimer que 10 contient 2 cinq fois, on écrit :

$$10 : 2 = 5.$$

Les deux points que l'on place entre le dividende et le diviseur, se prononcent *divisé par*.

Questionnaire.

Qu'est-ce que la division ? — Quelle est l'opération que la division abrége ? — Qu'appelle-t-on Dividende? — Diviseur? — Quotient ?

Quel est le signe de la division?

A réciter.

31. — La division est une opération par laquelle on cherche combien de fois un nombre en contient un autre.

32. — On appelle dividende le nombre à diviser ou à partager, et diviseur celui par lequel on divise.

Le résultat de l'opération s'appelle quotient.

33. — La division s'indique par deux points que l'on place verticalement entre le dividende et le diviseur, et que l'on énonce divisé par.

SOIXANTE-DIX-HUITIÈME LEÇON.

Division par 2 des 10 premiers multiples de 2.

743. Diviser par 2 les nombres 2, 4, 6, 8, 10 ... 20.

744. Combien de paires de bas dans 12 bas ?

745. Combien une pièce de 20 fr. vaut-elle de pièces de 2 fr. ?

746. Combien une pièce de 10 fr. vaut-elle de ces mêmes pièces ?

747. Un père partage également 14 noisettes entre ses deux fils : combien chacun aura-t-il de noisettes ?

748. Marie a cueilli 6 poires qu'elle distribue à ses deux frères : combien chacun aura-t-il de poires ?

749. Un ouvrier a gagné 8 fr. dans 2 jours : combien par jour ?

750. Emile dépense 2 fr. par jour : dans combien de jours aura-t-il dépensé 18 fr. ?

751. Charles possède 16 pièces de 1 c., Gustave a la même somme en pièces de 2 c. : combien a-t-il de ces pièces ?

752. Deux bonnets coûtent 4 fr. : quel est le prix d'un bonnet ?

(Diviser un nombre par 2, c'est en prendre la deuxième partie ou la moitié.)

SOIXANTE-DIX-NEUVIÈME LEÇON.

Division par 3 des 10 premiers multiples de 3.

753. Diviser par 3 les nombres 3, 6, 9, 12, 15 ... 30.

754. Un crayon coûte 3 c. : combien pourrai-je acheter de crayons avec neuf pièces de 2 c. ?

755. Les 3 fenêtres de ma chambre ont 24 carreaux : combien de carreaux par fenêtre ?

756. Jacques a acheté 3 volumes pour 15 fr. : à combien revient le volume ?

757. Un ménage dépense 3 fr. par jour : dans combien de jours dépensera-t-il 30 fr. ?

758. Partager également 21 noix entre 3 enfants.

759. Georges a gagné 12 fr. dans 3 jours : combien par jour ?

760. Combien de trimestres dans la moitié de l'année ? — dans 3 mois ?

761. Combien pourra-t-on acheter de mètres de toile pour 27 fr., à raison de 3 fr. le mètre ?

762. Edmond a gagné 9 fr. du lundi au mercredi inclusivement : combien gagnait-il par jour ?

(Diviser un nombre par 3, c'est en prendre la troisième *partie ou le* tiers).

QUATRE-VINGTIÈME LEÇON.

Division par 4 des 10 premiers multiples par 4.

763. Diviser par 4 les nombres 4, 8, 12, 16, 20 ... 40.

764. Combien aura-t-on de chaises à 4 fr. la chaise pour 36 fr. ?

765. Alfred partage 20 noix en 4 parts égales : combien de noix dans chaque part ?

766. Combien 12 trimestres font-ils d'années ?

767. Combien de feuilles de papier peut-on acheter avec 28 c., à raison de 4 c. la feuille ?

768. Partager également 32 pommes entre 4 petits garçons.

769. Combien 40 mètres font-ils de fois 4 mètres ?

770. 4 kilogrammes de graines ont coûté 24 fr.: quel est le prix du kilogramme ?

771. Julie a 16 œillets ; Catherine en a 4 fois moins: combien Catherine a-t-elle d'œillets ?

772. Un journalier reçoit 8 fr. pour son salaire de 4 jours : combien gagne-t-il par jour ?

(Diviser un nombre par 4, c'est en prendre la quatrième partie ou le quart.)

QUATRE-VINGT-UNIÈME LEÇON.

Division par 5 des 10 premiers multiples de 5.

773. Diviser par 5 les nombres 5, 10, 15, 20, 25 ... 50.

774. Le sou vaut 5 c. : combien 30 c. valent-ils de sous ?

775. Un ouvrier gagne 5 fr. par jour : dans combien de jours aura-t-il gagné 20 fr. ?

776. Julie veut donner 40 c. à 5 petites filles pauvres : combien chacune aura-t-elle de centimes ?

777. Combien 50 litres font-ils de fois 5 litres ?

778. Une feuille de papier coûte 5 c. : combien aura-t-on de feuilles pour 25 c. ?

779. Combien une pièce de 10 fr. vaut-elle de fois 5 fr. ?

780. Émile voudrait échanger 45 pièces de 1 fr. contre des pièces de 5 fr. : combien recevra-t-il de ces dernières ?

781. On a acheté pour 15 fr. de soie à 5 fr. le mètre : combien a-t-on eu de mètres de soie ?

782. J'ai donné 35 c. à 5 pauvres : combien à chacun d'eux ?

QUATRE-VINGT-DEUXIÈME LEÇON.

Division par 6 des 10 premiers multiples de 6.

783. Diviser par 6 les nombres 6, 12, 18, 24, 30 … 60.

784. Un fermier vend, à 6 fr. pièce, des agneaux pour 42 fr. : combien a-t-il vendu d'agneaux ?

785. Combien y a-t-il de semestres dans 18 mois ?

786. J'ai gagné 30 fr. du lundi au samedi inclusivement : combien par jour ?

787. Edgar a distribué 60 c. à des pauvres ; chacun d'eux a reçu 6 c. : combien y avait-il de pauvres ?

788. Un marchand a vendu 6 mètres d'étoffe pour 54 fr. : combien le mètre ?

789. Une demi-douzaine de chaises a coûté 24 fr. : à combien revient la chaise ?

790. André a 48 fr. : combien pourra-t-il acheter de paires d'oies à 6 fr. la paire ?

791. Anna a 12 noix ; elle en donne 6 à chacun de ses frères : combien a-t-elle de frères ?

792. 6 volumes de même valeur coûtent 36 fr. : quel est le prix d'un volume ?

QUATRE-VINGT-TROISIÈME LEÇON.

Division par 7 des 10 premiers multiples de 7.

793. Diviser par 7 les nombres 7, 14, 21, 28, 35 ... 70.

794. Combien de semaines dans 28 jours ?

795. Simon reçoit 70 fr. en 7 pièces de même valeur : combien vaut chaque pièce ?

796. Une famille dépense 21 fr. par semaine : combien par jour ?

797. Une autre famille dépense 56 fr. dans le même temps : combien dépense-t-elle dans 2 jours ?

798. 7 crayons ont coûté 14 c. : quel est le prix d'un crayon ?

799. Eugène est 7 fois moins âgé que son père, qui a 42 ans : quel est l'âge d'Eugène ?

800. En combien de jours Victor apprendra-t-il 63 lignes, s'il apprend 7 lignes par jour ?

801. Un ouvrier a reçu 35 fr. pour son gain de 7 jours : combien gagne-t-il par jour ?

802. Albert a 49 noix ; il en mange 7 par jour : dans combien de jours épuisera-t-il sa provision de noix ?

QUATRE-VINGT-QUATRIÈME LEÇON.

Division par 8 des 10 premiers multiples de 8.

803. Diviser par 8 les nombres 8, 16, 24, 32, 40 ... 80.

804. 8 stères de bois coûtent 48 fr. : à combien revient le stère ?

805. 8 mètres de satin ont coûté 24 fr. : combien payera-t-on 3 mètres du même satin ?

806. Un cultivateur a vendu de l'avoine pour la somme de 40 fr., à raison de 8 fr. l'hectolitre : combien a-t-il vendu d'hectolitres ?

807. Partager 72 noisettes entre 8 enfants.

808. Une classe contient 56 élèves assis sur 8 bancs : combien d'élèves par banc ?

809. Un père et une mère de famille gagnent ensemble 8 fr. par jour : dans combien de jours gagneront-ils 32 fr. ?

810. 8 personnes doivent payer une dépense de 16 fr. : combien chaque personne doit-elle payer ?

811. Ernest a mangé 64 amandes en 8 jours : combien par jour en moyenne ?

812. Un propriétaire a vendu 8 moutons pour 80 fr. : à combien revient chaque mouton ?

QUATRE-VINGT-CINQUIÈME LEÇON.

Division par 9 des 10 premiers multiples de 9.

813. Diviser par 9 les nombres 9, 18, 27, 36, 45 … 90.

814. J'ai parcouru 54 kilomètres en 9 jours : combien de kilomètres par jour ?

815. Combien aura-t-on de cahiers pour 90 c., à raison de 9 c. le cahier ?

816. A 9 fr. l'objet, combien peut-on acheter de ces objets avec 3 pièces de 10 fr., plus 3 pièces de 2 fr. ?

817. Léon a 7 pièces de 10 c., plus une pièce de 2 c.: combien a Charles, qui possède 9 fois moins?

818. Neuf mètres d'une étoffe ont coûté 81 fr.: à combien revient le mètre?

819. Louise possède 4 pièces de 10 c. et 1 pièce de 5 c.; à combien de pauvres peut-elle donner 9 c.?

820. Neuf chaises ont coûté 27 fr.: quel est le prix de 4 chaises?

821. J'ai déboursé 63 fr. pour l'achat d'une étoffe, à 9 fr. le mètre: combien ai-je reçu de mètres de cette étoffe?

822. Pauline a reçu 30 noisettes; elle en met 12 de côté pour elle: à combien de camarades peut-elle en donner 9?

QUATRE-VINGT-SIXIÈME LEÇON.

Division par 10 des 10 premiers multiples de 10.

823. Diviser par 10 les nombres 10, 20, 30, 40, 50 ... 100.

824. Combien 8 pièces de 5 fr. valent-elles de pièces de 10 fr.?

825. Combien de décamètres dans une longueur de 100 mètres?

826. Un baril contient 30 litres: combien cela fait-il de décalitres?

827. Un jardin a 80 mètres de contour: combien cela fait-il de décamètres?

828. Une pile de bois se compose de 60 stères: combien de décastères?

829. Combien faut-il de pièces de 10 fr. pour payer une dette de 90 fr ?

830. Combien 10 pièces de 2 fr., plus 6 pièces de 5 fr., valent-elles de pièces de 10 fr. ?

831. Combien faut-il de pièces de 10 c. pour payer un livre de 45 c. et un cahier de 25 c. ?

832. Une chambre carrée a 5 mètres de côté : combien a-t-elle de décamètres de contour ?

QUATRE-VINGT-SEPTIÈME LEÇON.

Division, avec reste, dans les limites du livret.

833. Diviser par 2 les nombres 7, 13 et 17.

834. Combien peut-on faire de portions de 2 ares dans un champ de 9 ares ?

835. Il faut 2 m. de toile pour faire une chemise : combien fera-t-on de chemises avec 15 mètres ?

836. Combien de paires de bas dans 19 bas ?

837. Diviser par 3 les nombres 8, 16 et 25.

838. Un voiturier transporte 3 stères de bois par voyage : dans combien de voyages transportera-t-il un décastère ?

839. Partager 17 noisettes entre 3 enfants ?

840. Emile a reçu 26 amandes ; il voudrait les partager avec 2 de ses camarades : combien chacun aura-t-il d'amandes ?

841. Diviser par 4 les nombres 14, 26 et 38.

842. J'ai 18 noisettes à distribuer à 4 petits garçons ; combien chacun d'eux en aura-t-il?

843. Un mètre d'étoffe coûte 4 fr.: combien aura-t-on de mètres pour 3 pièces de 10 fr.?

844. On vend du raisin 4 fr. le kilogramme: combien peut-on acheter de kilogrammes avec 5 pièces de 5 fr.?

QUATRE-VINGT-HUITIÈME LEÇON.

Division, avec reste, dans les limites du livret (suite).

845. Diviser par 5 les nombres 32, 28 et 43.

846. Partager 24 kilogrammes de raisin entre 5 personnes.

847. Un chapeau coûte 5 fr.: combien peut-on acheter de chapeaux pour 37 fr.

848. Combien 48 c. valent-ils de pièces de 5 c.?

849. Diviser par 6 les nombres 29, 41 et 58.

850. Un écolier écrit 6 pages dans une heure: combien lui faudra-t-il d'heures pour écrire 32 pages?

851. Combien de crayons aurai-je pour 45 c., à 6 c. pièce?

852. Combien y a-t-il de semestres et de trimestres dans 21 mois?

853. Diviser par 7 les nombres 32, 58 et 67.

854. Combien de semaines et de jours dans 53 jours?

855. Combien de semaines et de jours dans les deux derniers mois de l'année?

856. Avec 9 pièces de 5 fr., combien peut-on acheter de moutons à 7 fr. l'un?

QUATRE-VINGT-NEUVIÈME LEÇON.

Division, avec reste, dans les limites du livret (suite et fin).

857. Diviser par 8 les nombres 35, 67 et 76.

858. Jacques a 4 pièces de 10 fr. et une de 2 fr.: combien peut-il, avec cette somme, acheter de brebis à 8 fr. l'une?

859. J'ai 58 fr.; j'achète des chapeaux à 8 fr. pièce: combien me livrera-t-on de chapeaux?

860. Si un mètre d'étoffe vaut 8 fr., combien aura-t-on de mètres de cette même étoffe pour 75 fr.?

861. Diviser par 9 les nombres 43, 65 et 86.

862. Combien peut-on faire de portions de 9 ares dans un pré de 50 ares?

863. Combien de jours entiers doit travailler une famille, à 9 fr. par jour, pour gagner 68 fr.?

864. Pauline a 85 c.: à combien de pauvres peut-elle donner 9 c.?

865. Diviser par 10 les nombres 52, 75 et 94.

866. Combien y a-t-il de décamètres et de mètres dans une longueur de 48 m.?

867. Combien y a-t-il de décalitres et de litres dans un tonneau qui contient 72 litres?

868. Combien de pièces de 10 fr. et de francs vaut une somme de 87 fr. ?

QUATRE-VINGT-DIXIÈME LEÇON.

Problèmes divers sur les 4 règles.

869. Un marchand vend pour 15 fr. de sucre, pour 9 fr. de café et pour 6 fr. de sel : combien cela fait-il d'argent ?

870. Un litre de bière économique revient à 4 c. : combien coûtera le décalitre de cette boisson ?

871. J'ai acheté une demi-douzaine de chapeaux à 8 fr. pièce ; je donne en payement 5 m. d'étoffe à 10 fr. le mètre : combien doit-on me rendre ?

872. Un ouvrier gagne 3 fr. par jour ouvrable et dépense 12 fr. par semaine : combien met-il de côté chaque semaine ?

873. Il y a dans une bourse 4 pièces de 10 fr., 7 de 5 fr., et 3 de 2 fr. : combien y a-t-il de pièces et pour quelle somme ?

874. Trois enfants se partagent 24 pêches ; le premier a eu le tiers, le deuxième le quart, et le troisième le reste : combien chacun d'eux a-t-il eu de pêches ?

875. Julien a 9 ans ; Henri est 4 fois plus âgé : quel est l'âge de ce dernier et combien a-t-il de plus ?

876. Un voyageur parcourt 6 kilomètres par heure : combien de kilomètres parcourra-t-il dans le quart d'un jour ?

877. Combien de kilomètres ce même voyageur parcourra-t-il dans le tiers d'un jour ?

878. Ernest me doit 52 fr., il me donne 9 pièces de 5 fr. : combien me doit-il encore ?

879. Jacques a dans sa bourse 3 pièces de 2 fr. et 6 pièces de 5 fr.; il achète pour 29 fr.: combien lui reste-t-il ?

880. Un ouvrier a travaillé 9 jours à 3 fr. par jour ; on lui remet d'abord 7 fr., puis 8 fr., puis une pièce de 10 fr. : combien lui doit-on encore ?

QUATRE-VINGT-ONZIÈME LEÇON.

Problèmes divers sur les 4 règles (suite).

881. Une servante gagne 5 fr. par semaine; au bout de 9 semaines, on lui donne un à-compte de 28 fr. : combien lui est-il encore dû ?

882. Combien donnera-t-on de pièces de 5 francs en échange de 4 pièces de 10 fr. ?

883. Une personne achète 10 mètres de mérinos à 3 fr. le mètre : combien doit-elle ?

884. Combien doit-on lui rendre si elle présente 3 pièces de 5 fr. et 8 pièces de 2 fr. pour payer cet achat?

885. Je pense un nombre; j'en prends le quart et j'obtiens 9 : quel est ce nombre ?

886. Alfred a 35 noisettes, Edgar en a 5 fois moins: combien en ont-ils à eux deux ?

887. Ils partagent également ces noisettes entre 6: combien chacun d'eux en aura-t-il ?

888. Mon voisin paye 54 fr. de contributions par an : combien doit-il remettre tous les deux mois ?

889. Un ouvrier gagne 21 fr. dans 7 jours : combien gagne-t-il dans 3 jours ?

890. Quel est le quart de 3 fois 8 ?

891. Combien valent ensemble la moitié et le tiers de 12 fr. ?

892. On a fait 8 portions égales dans une terre de 40 ares : quelle est la contenance de 3 portions réunies ?

893. Quelle est, à 10 fr. l'are, la valeur d'une portion ?

QUATRE-VINGT-DOUZIÈME LEÇON.

Problèmes divers sur les 4 règles (suite).

894. Combien y a-t-il de jours dans les trois premiers mois d'une année bissextile ?

895. Georges avait 42 fr.; son parrain lui a donné 3 pièces de 5 fr., et il a acheté une montre de 35 fr.: combien lui reste-t-il ?

896. Quel est le tiers de 5 fois 6 ?

897. Combien y a-t-il de trimestres dans sept ans et demi ?

898. Une mère de famille achète 8 mètres de drap à 9 fr. le mètre et 4 mètres de satin à 3 fr. le mètre : combien doit-elle payer ?

899. Combien doit-on lui rendre sur 5 pièces de 20 fr. ?

900. Emile gagne 52 fr. par mois et dépense 43 fr.: combien met-il de côté par semestre ?

901. Combien peut-on acheter de chapeaux, à 6 fr. pièce, avec 5 pièces de 10 fr. et 2 pièces de 2 fr. ?

902. Combien y a-t-il de jours dans le dernier trimestre de l'année ?

903. Une personne charitable distribue de l'argent à 3 femmes et à 7 enfants ; chaque femme reçoit une pièce de 5 fr. et chaque enfant une pièce de 2 fr. : combien dépense-t-elle ?

904. Le franc pèse 5 grammes et la pièce de 2 fr. pèse 10 gr. : combien pèsent ensemble 9 pièces de 1 fr. plus 4 pièces de 2 fr. ?

905. Combien y a-t-il de jours dans 9 semaines et 5 jours ?

QUATRE-VINT-TREIZIÈME LEÇON.

Problèmes divers sur les 4 règles (suite et fin.)

906. Joseph a 32 fr. dans sa bourse ; Emile a le quart de cette somme : combien ont-ils à eux deux ?

907. Si 10 ouvriers ont gagné 50 fr. en un jour, combien revient-il à 7 de ces ouvriers ?

908. Trois stères de bois ont coûté 21 fr. : quel est le prix du décastère de ce bois ?

909. Combien payera-t-on le double stère, à raison de 40 fr. les 5 stères ?

910. Trois frères et deux sœurs se partagent par égales portions 45 amandes : quelle est la part de chacun ?

911. Combien les 3 frères ont-ils eu d'amandes ?

912. Combien les 2 sœurs ont-elles eu d'amandes ?
— Combien de moins que leurs frères ?

913. La longueur d'un jardin est de 3 décamètres ; sa largeur est d'un décamètre et demi : quel en est le contour ?

914. Si le demi-litre coûte 10 c., que coûtera le double-litre ?

915. Que coûtera le demi-décalitre ?

QUATRE-VINGT-QUATORZIÈME LEÇON

Calcul avec les nombres 1 à 1000.

Numération parlée.

J'ajoute :

1 centaine à 1 centaine, ce qui donne 2 centaines ;
1 centaine à 2 centaines, ce qui donne 3 centaines ;
1 centaine à 3 centaines, ce qui donne 4 centaines ;
1 centaine à 4 centaines, ce qui donne 5 centaines ;
1 centaine à 5 centaines, ce qui donne 6 centaines ;
1 centaine à 6 centaines, ce qui donne 7 centaines ;
1 centaine à 7 centaines, ce qui donne 8 centaines ;
1 centaine à 8 centaines, ce qui donne 9 centaines ;
1 centaine à 9 centaines, ce qui donne mille.

Au lieu de dire 1, 2, 3, 4, 5, 6, 7, 8, 9, 10 centaines, on dit simplement : *cent, deux cents, trois cents, quatre cents, cinq cents, six cents, sept cents, huit cents, neuf cents, mille.*

Remarquez que :

1 fois 100, ou 1 centaine, vaut cent unités ;
2 fois 100, ou 2 centaines, valent deux cents unités ;
3 fois 100, ou 3 centaines, valent trois cents unités ;
4 fois 100, ou 4 centaines, valent quatre cents unités;
5 fois 100, ou 5 centaines, valent cinq cents unités ;
6 fois 100, ou 6 centaines, valent six cents unités ;
7 fois 100, ou 7 centaines, valent sept cents unités ;
8 fois 100, ou 8 centaines, valent huit cents unités ;
9 fois 100, ou 9 centaines, valent neuf cents unités ;
10 fois 100, ou 10 centaines, valent mille unités.

Remarquez encore que : .

Comme 1 centaine est une collection de 10 dizaines,
2 centaines valent 20 dizaines ;
3 centaines valent 30 dizaines ;
4 centaines valent 40 dizaines ;
5 centaines valent 50 dizaines ;
6 centaines valent 60 dizaines ;
7 centaines valent 70 dizaines ;
8 centaines valent 80 dizaines ;
9 centaines valent 90 dizaines ;
10 centaines valent 100 dizaines ;

Il y a évidemment des nombres compris entre cent
et deux cents: entre deux cents et trois cents, etc.
c'est-à-dire, entre deux centaines successives.

Pour former ces nombres, il suffit de faire suivre
le plus petit nombre de centaines des noms des quatre-
vingt-dix-neuf premiers nombres.

Ainsi, pour compter de cent à deux cents, on a :
cent un, cent deux, cent trois, cent quatre, cent
cinq, cent six, cent sept, cent huit, cent neuf, cent
dix,........ cent quatre-vingt-dix-neuf, deux cents.

On énoncera de la même manière les nombres compris entre deux cents et trois cents, entre trois cents

et quatre cents, entre quatre cents et cinq cents, et ainsi de suite jusqu'à mille.

Questionnaire.

Combien d'unités font 2 centaines ? — 4 centaines ? — 9 centaines ? — 6 centaines ?

Combien de dizaines fait le nombre quatre cents ? — le nombre sept cents ? — le nombre mille ? — le nombre cinq cents ?

Quel nombre de dizaines obtient-on si l'on ajoute : une unité à cent quatre-vingt-dix-neuf unités ? — une unité à cinq cent quatre-vingt-dix-neuf unités ? — une unité à neuf cent quatre-vingt-dix-neuf unités ?

Combien 1, 3, 5, 7, 9 centaines valent-elles de dizaines ?

Combien 20, 40, 60, 80, 100 dizaines valent-el es de centaines ?

Combien d'unités font 1 centaine et 1 dizaine ? — 3 centaines et 3 dizaines ? — 5 centaines et 5 dizaines ? — 7 centaines et 7 dizaines ? — 9 centaines et 9 dizaines ?

Combien d'unités font 2 centaines et 2 unités ? — 4 centaines et 4 unités ? — 6 centaines et 6 unités ? — 8 centaines et 8 unités ?

Combien d'unités font 1 centaine 5 dizaines et 8 unités ? — 6 centaines 1 dizaine et 9 unités ?

Combien d'unités en tout dans 2 centaines 9 dizaines et 10 unités ?

Combien y a-t-il de centaines, de dizaines et d'unités dans trois cent-dix-huit unités ? — dans six cent trente-sept unités ? — dans neuf cent soixante-quinze unités ?

Exercices.

916. Ecrire en lettres les centaines pures, de cent à mille.

917. Ecrire en lettres les centaines pures, de mille à cent.

918. Ecrire en lettres les nombres compris entre cent et deux cents.

919. Ecrire en lettres les nombres compris entre neuf cent cinquante et mille.

À réciter.

34. — On compte par centaines comme l'on a compté par dizaines et par unités.

35. — Les nombres qui correspondent à 1, 2, 3, 4, 5, 6, 7, 8, 9 centaines, sont cent, deux cents, trois cents, quatre cents, cinq cents, six cents, sept cents, huit cents, neuf cents.

36. — Pour énoncer les nombres compris entre deux centaines consécutives, il suffit de placer à la suite du plus petit nombre de centaines les noms des 99 premiers nombres.

37. — On appelle mille une collection de dix centaines.

QUATRE-VINGT-QUINZIÈME LEÇON.

Numération écrite des nombres 1 à 1000.

Nous avons vu :

1° Qu'on représente les unités par les chiffres 1, 2, 3, 4, 5, 6, 7, 8, 9;

2° Qu'on représente les dizaines par les mêmes chiffres suivis d'un zéro: 10, 20, 30, 40, 50, 60, 70, 80, 90;

3° Que le nombre cent s'écrit 100.

Par conséquent ces mêmes chiffres, suivis de deux zéros, peuvent représenter et représentent en effet les centaines: 100, 200, 300, 400, 500, 600, 700, 800, 900.

Le nombre mille est représenté par le chiffre 1 suivi de 3 zéros: 1000.

Ainsi, les unités s'écrivent avec un chiffre, les dizaines avec deux chiffres et les centaines avec trois

chiffres. De plus, les centaines occupent toujours le troisième rang en commençant par la droite, les dizaines le second et les unités le premier.

D'où il résulte que pour écrire un nombre de 3 chiffres, on écrit d'abord le chiffre qui figure les centaines, puis celui qui figure les dizaines, et enfin celui qui figure les unités. Si les dizaines et les unités manquent, on remplace chacun de ces ordres par un zéro.

On entend par *ordres* de trois chiffres les unités, les dizaines et les centaines de ce nombre.

Questionnaire.

Quels sont les nombres représentés par 1 chiffre? — par 2 chiffres? — par 3 chiffres?

Combien faut-il de chiffres pour écrire le nombre mille?

Quel rang occupent les centaines, les dizaines et les unités, en allant de droite à gauche?

Que faut-il faire pour écrire, sous la dictée, un nombre de 3 chiffres?

Qu'appelle-t-on ordres d'un nombre de trois chiffres?

Exercices.

920. Figurer par des chiffres : 1° le plus petit et le plus grand nombre d'un seul chiffre; — 2° le plus petit et le plus grand nombre de trois chiffres.

921. Ecrire en lettres les nombres représentés par 500, 814, 342, 708, 930, 350, 275, 292, 470, 740, 291, 704.

922. Ecrire en chiffres les nombres cinq cent trente, trois cent cinq, huit cent soixante-dix, trois cent quatre-vingt-neuf, quatre cent seize, six cent vingt-huit, cinq cent onze, neuf cent vingt, deux cent deux, quatre cent neuf, neuf cent quatre, quatre cent quatre-vingt-dix.

923. Copier et écrire en lettres les nombres exprimés en chiffres dans les phrases suivantes :

L'année commune a 365 jours; l'année bissextile en a 366. Il y a des billets de banque de 20 francs, de 25 francs, de 50 fr., de 100 fr., de 200 fr., de 500 fr. et de 1000 francs. Charlemagne mourut le 28 janvier 814, à l'âge de 72 ans. La plus grande pyramide d'Egypte a une base de 227 mètres de côté et une hauteur de près de 162 mètres.

924. Copier et écrire en chiffres les nombrés écrits en lettres dans les phrases suivantes:

On a travaillé quatre cent ving-quatre ans à la construction de la cathédrale de Strasbourg. Le clocher de ce bel édifice atteint une hauteur de cent quarante-deux mètres. La tour de l'église Saint-Paul à Londres est élevée de cent dix mètres. Les premiers hommes ont vécu neuf cents, neuf cent trente et neuf cent soixante-neuf ans. Abraham mourut âgé de cent soixante-quinze ans.

925. Décomposer en leurs différents ordres les nombres suivants, à partir de l'ordre le plus élevé, en passant sous silence les zéros, qui marquent les places vides: 546, 308, 716, 943, 609, 815, 110, 246, 95, 820, 760, 83.

(*Modèle:* 285 unités $=$ 2 centaines, 8 dizaines, 5 unités).

926. Convertir en unités les centaines et les dizaines de chacun des nombres suivants, et séparer par le signe $+$ les ordres que renferment ces nombres: 283, 710, 817, 936, 475, 513, 301, 968, 196, 207, 720, 111.

(*Modèle:* 283 $=$ 200 $+$ 80 $+$ 3).

927. Ecrire en chiffres les nombres qui correspondent aux données suivantes: 2 centaines et 7 unités; — 8 centaines, 3 dizaines et 4 unités; — 6 centaines et 3 dizaines; — 5 centaines, 8 dizaines et 9 unités;

— deux dizaines et quatorze unités; — 7 centaines, 5 dizaines et 2 unités; — 4 centaines, 2 dizaines et 8 unités; — 9 dizaines et 18 unités; — 7 centaines et 7 dizaines; — 3 centaines. 3 dizaines et 15 unités; 8 centaines et 42 unités; — 9 centaines, 9 dizaines et 10 unités.

(*Modèle :* 6 centaines et 5 unités = 605 unités).

À réciter.

38. — Les caractères 1, 2, 3, 4, 5, 6, 7, 8, 9, suivis de deux zéros, représentent les centaines, qui occupent ainsi le troisième rang vers la gauche.

Les deux zéros ont pour but de tenir la place des dizaines et des unités qui manquent.

39. — Le nombre mille se figure par l'unité suivie de trois zéros.

40. — Pour écrire sous la dictée un nombre de trois chiffres, il faut écrire, en allant de gauche à droite, d'abord le chiffre qui représente les centaines, puis celui qui représente les dizaines, et enfin celui qui représente les unités, en ayant soin de remplacer par un zéro chaque ordre qui vient à manquer.

41. — On appelle ordres d'un nombre de trois chiffres les unités, les dizaines et les centaines qui composent ce nombre.

QUATRE-VINGT-SEIZIÈME LEÇON.

Addition des nombres 1 à 1000.

1er *Problème.* On achète un mètre de drap à 9 fr.
un mètre de soie à 8 fr., un mètre de mousseline à 5
fr., et un mètre de toile à 3 fr.: combien doit-on?

Il est évident qu'on doit 9 fr. + 8 fr. + 5 fr. +
3 fr.

Je dis: 9 et 8 font 17, et 5 font 22, et 3 font 25.
Il est donc dû la somme de 25 fr.

D'où l'on peut conclure que pour ajouter plusieurs
nombres d'un seul chiffre, il faut ajouter le premier
au second; à la somme obtenue, on ajoute le troisiè-
mé, à celle-ci le quatrième, et ainsi de suite jusqu'au
dernier.

On dispose ordinairement en
colonne verticale les nombres que
l'on veut additionner; on souligne
le dernier, et l'on écrit le total
au-dessous.

$$\begin{array}{r} 9 \\ 8 \\ 5 \\ 3 \\ \hline 25 \end{array}$$

2° *Problème.* Un jardinier a cueilli sur un poirier
d'abord 64 poires, puis 32, puis 20, et enfin 51:
combien de poires en tout?

Le nombre de poires cueillies est égal à 65 + 32
+ 20 + 51.

Je mets les nombres les uns sous
les autres, unités sous unités, dizaines sous dizaines; je souligne le
tout.

Je fais la somme des nombres contenus dans la colonne des unités:

$$\begin{array}{r} 65 \\ 32 \\ 20 \\ 51 \\ \hline 168 \end{array}$$

5 et 2 font 7, et 1 font 8; j'écris
8 unités sous cette colonne.

J'ajoute ensuite les nombres contenus dans la colonne des dizaines:

6 et 3 font 9, et 2 font 11, et 5 font 16; j'écris 16 dizaines sous cette colonne.

16 dizaines + 8 unités = 168 unités.

Le jardinier a cueilli, en tout, 168 poires.

3° *Problème.* Un marchand a vendu le lundi pour 28 fr., le mardi pour 35 fr., le mercredi pour 47 fr., et le jeudi pour 36 fr.: quelle somme a-t-il dû recevoir pour la vente de ces quatre jours?

Il a dû recevoir 28 fr. + 35 fr. + 47 fr. + 36 francs.

Pour effectuer l'addition indiquée ci-dessus, je place, comme précédemment, les nombres les uns sous les autres, unités sous unités, dizaines sous dizaines, et je souligne le dernier nombre pour le séparer du résultat.

$$\begin{array}{r} 28 \\ 35 \\ 47 \\ 36 \\ \hline 146 \end{array}$$

Puis, en commençant par la droite, je dis: 8 et 5 font 13, et 7 font 20, et 6 font 26;

26 unités = 2 dizaines et 6 unités.

J'écris seulement le chiffre 6, qui représente les unités, sous la colonne de même nom, et je retiens les dizaines pour les ajouter à la colonne des dizaines.

2 *de retenue* et 2 font 4, et 3 font 7, et 4 font 11, et 3 font 14. J'écris ces 14 dizaines sous la colonne des dizaines.

14 dizaines + 6 unités = 146 unités.

Le marchand a dû recevoir la somme de 146 fr. pour la vente en question.

Si les nombres à additionner renferment des centaines, des dizaines et des unités, on opère sur la colonne des dizaines comme sur celle des unités, et on écrit en entier le total de la colonne des centaines.

Questionnaire.

Comment ajoute-on plusieurs nombres d'un seul chiffre ?
Comment dispose-t-on ordinairement l'opération ?
Comment ajoute-t-on plusieurs nombres de deux chiffres ?
Que fait-on dans le cas où la somme des chiffres de la colonne des unités excède 9 ?
Comment opère-t-on lorsque les nombres dont on veut trouver la somme renferment des centaines, des dizaines et des unités ?

A réciter.

42. — Pour effectuer l'addition de plusieurs nombres d'un seul chiffre, il faut ajouter le premier au second ; à la somme obtenue on ajoute le troisième ; à celle-ci le quatrième, et ainsi de suite jusqu'au dernier.

43. — On dispose ordinairement en colonne verticale les nombres d'un seul chiffre dont il s'agit de trouver la somme ; on souligne le dernier, et on écrit le total au-dessous.

44. — Pour effectuer l'addition de plusieurs nombres de deux chiffres, on écrit les nombres les uns sous les autres, de manière que les unités soient sous les unités, les dizaines sous les dizaines, et on souligne le tout. Puis, en commençant par la droite, on additionne séparément tous les chiffres de la colonne des unités ; si la somme ne dépasse pas 9, on écrit seulement le chiffre qui représente les unités, et l'on retient celui des dizaines pour l'ajouter à la colonne des dizaines, dont le total s'écrit en entier.

45. — Si les nombres que l'on veut additionner renferment des centaines, des dizaines et des unités, il faut opérer sur la colonne des dizaines comme sur celle des unités, et écrire, telle qu'on la trouve, la somme de la colonne des centaines.

QUATRE-VINGT-DIX-SEPTIÈME LEÇON.

Addition des nombres 1 à 1000 (suite).

928. Faire les additions suivantes :

$4 + 6 + 7 + 8.$ $6 + 6 + 5 + 7.$
$5 + 3 + 6 + 9.$ $9 + 9 + 5 + 4.$
$8 + 8 + 7 + 7.$ $9 + 7 + 6 + 6.$
$6 + 5 + 6 + 9.$ $3 + 9 + 4 + 8.$
$5 + 8 + 7 + 6.$ $1 + 7 + 9 + 6.$

929. Quelle est la somme des nombres pairs de 2 à 10 inclusivement ?

930. Quelle est la somme des nombres impairs de 1 à 9 inclusivement ?

931. Quelle est la somme des nombres 1 à 10 ajoutés l'un à l'autre ?

932. Une servante achète pour 8 fr. de viande, 5 fr. de légumes, 6 fr. de beurre et 3 fr. de fromage : quelle somme paye-t-elle en tout ?

933. Dans mon dernier voyage, j'ai parcouru successivement 4 kilom., 7 kilom., 6 kilom. et 9 kilom. : combien de kilomètres en tout ?

934. Deux frères et deux sœurs ont les premiers 9 fr. chacun, et les secondes 8 fr. chacune : combien ont-ils les quatre ensemble ?

935. Il y a dans un verger 7 poiriers, 9 pommiers, autant de pruniers, 4 cerisiers et 2 noyers : combien d'arbres fruitiers en tout ?

936. Gustave a versé à la caisse d'épargne d'abord 9 fr., puis 5 fr., puis 6 fr., et enfin 3 fr. : combien en tout ?

937. Un père a 5 fils; le second a 8 ans, le troi
sième 6 ans, le quatrième 5 ans et le plus jeune
ans; l'âge de l'aîné est égal aux âges réunis des quatr
autres : quel est-il?

938. Un propriétaire a successivement occupé u
ouvrier pendant 8 journées, 5 journées 7 journées
3 journées : combien l'ouvrier a-t-il fait de journées

QUATRE-VINGT-DIX-HUITIÈME LEÇON.

Addition des nombres 1 à 1000 (suite).

939. Effectuer les additions suivantes:

65 + 71.	92 + 99.
86 + 43.	56 + 48.
79 + 56.	88 + 93.
47 + 94.	74 + 68.
28 + 87.	56 + 49.

940. Un verger a 68 mètres de long sur 35 m
tres de large: quelle est la longueur de deux cô
consécutifs ?

941. Un enfant a reçu 72 noix; il en avait d
49 : combien en a-t-il maintenant?

942. Un fermier vend deux veaux chacun 47
et un mouton 28 fr.: quel argent cela fait-il po
ces trois têtes de bétail?

943. Une famille a dépensé 74 fr. l'avant-dern
mois et 16 fr. de plus le mois suivant: comb
pour les deux mois?

944. Combien y a-t-il de mètres de toile dans deux pièces, dont l'une a 46 mètres de longueur et l'autre le double ?

945. Clovis 1er mourut à l'âge de 45 ans, et Charlemagne à l'âge de 72 ans: combien les deux ensemble ont-ils vécu d'années ?

946. Un cultivateur achète deux pièces de vin à raison de 69 fr. chacune: combien doit-il payer ?

947. Combien d'heures, du dimanche, à midi, au jeudi suivant à 8 heures du soir ?

948. Combien s'écoule-t-il de minutes, de 11 heures du matin à 1 heure 45 minutes de l'après-midi du même jour ?

949. Deux personnes doivent payer une dette ; la première doit 56 fr., et la seconde 12 fr. de plus: quel est le montant de la dette ?

QUATRE-VINGT-DIX-NEUVIÈME LEÇON.

Addition des nombres 1 à 1000 (suite).

950. Faire les additions suivantes :

85 + 18 + 7.		73 + 28 + 12.
64 + 37 + 6.		35 + 18 + 53.
48 + 49 + 5.		17 + 25 + 66.
37 + 64 + 2.		36 + 47 + 29.
19 + 84 + 9.		15 + 38 + 62.

951. Pierre vend deux hectolitres de blé à 28

fr. l'hectolitre, et un hectolitre d'orge à 9 fr.: combien lui revient-il?

952. Georges verse d'abord 35 fr. à la caisse d'épargne, puis 68 fr. et enfin 9 fr.: quel est le total des trois versements?

953. Combien font ensemble de francs une pièce de 50 fr., 6 de 10 fr. et 7 de 5 fr.?

954. La dépense d'un ménage pendant un trimestre a été de 57 fr. le premier mois, de 68 fr. le second mois et de 73 fr. le troisième mois: quelle a été la dépense totale du trimestre?

955. Quelle est la somme des trois plus grands nombres de deux chiffres?

956. Trois tonneaux contiennent, le premier 7 décalitres et demi, le second 42 litres, et le troisième 67 litres: combien de litres ces trois tonneaux contiennent-ils ensemble?

957. Une personne achète trois pièces de toile; la première est de 65 mètres, la deuxième de 48, et la troisième de 37: combien de mètres en tout?

958. Trois compagnies d'ouvriers ont fait un ouvrage: la première y a travaillé 45 jours, la deuxième 34 et la troisième 28: combien a-t-il fallu de journées pour faire cet ouvrage?

959. Un marchand de bois a vendu le lundi 3 décastères et demi de bois; le mardi, 47 stères; et le mercredi, 32 stères: combien a-t-il vendu de stères en tout dans ces trois jours?

960. Un cultivateur a ensemencé 66 ares en froment, 24 ares en orge et 58 ares en seigle: combien d'ares en tout?

CENTIÈME LEÇON.

Addition des nombres 1 à 1000 (suite).

961. Effectuer les additions suivantes :

75 + 53 + 81 + 6.	85 + 34 + 75 + 33.
28 + 91 + 77 + 5.	76 + 42 + 53 + 25.
43 + 69 + 55 + 7.	62 + 69 + 48 + 24.
15 + 88 + 94 + 9.	16 + 94 + 26 + 35.
61 + 18 + 25 + 8.	25 + 91 + 39 + 44.

962. Un jardin carré a 57 mètres de côté : quelle est la longueur des quatre côtés ?

963. Un autre jardin a 58 mètres de longueur et 37 mètres de largeur : quel en est le contour ?

964. Un ouvrier gagne 49 fr. par mois, sa femme 35 fr., et leurs deux enfants chacun 27 fr.; quel est le gain mensuel de cette famille ?

965. Une dame charitable rencontre quatre pauvres; elle donne 35 c. au premier, 45 c. au deuxième, 55 c. au troisième, et au dernier 20 c. de plus qu'au second : combien cette dame a-t-elle donné de centimes en tout ?

966. Un débitant de vins a vendu dans un mois : la première semaine, 32 décalitres; la deuxième, 33 décalitres; la troisième, 43 décalitres, et la quatrième 47 décalitres : combien a-t-il vendu de décalitres en tout ?

967. Un établissement a 4 classes; il y a 25 élèves dans la première, 47 dans la deuxième, 58 dans la troisième, et 7 de plus dans la quatrième que dans la troisième : combien y a-t-il d'élèves en tout ?

968. On verse en trois fois dans un tonneau 6
litres , 28 litres et 2 décalitres et demi ; il s'e
faut de 15 litres que le tonneau soit plein: quel
en est la capacité ?

969. Un aubergiste achète 4 pièces de vin, à ra
son de 85 fr. chacune: combien payera-t-il en tout

970. Un ouvrier a reçu pour un travail une pr
mière fois 42 fr., une seconde fois 59 fr., et une tro
sième fois 36 fr. ; il lui est encore dû 65 fr. combi
lui était-il dû en tout?

971. Mon dernier voyage a duré 4 jours ; j'ai pa
couru 35 kilom. le premier jour, 47 le deuxième jou
et chacun des deux autres jours, 14 kilom. de pl
que le premier: combien de kilomètres en tout ai
parcourus pendant ce voyage ?

CENT-UNIÈME LEÇON.

Addition des nombres 1 à 1000 (suite).

972. Faire les additions suivantes:

290 + 50		760 + 49
380 + 90		670 + 56
570 + 30		590 + 67
420 + 80		470 + 83
140 + 70		340 + 95

973. J'achète une vache pour 350 fr. et un ve
pour 60 fr.: quel est le prix total de ces deux têtes
bétail ?

974. Une pièce de terre comprend une prairie de 190 ares et une vigne de 70 ares : quelle en est l'étendue superficielle ?

975. Deux tas de bois contiennent, l'un 17 décastères, l'autre 48 stères : combien de stères en tout ?

976. La recette d'un marchand a été un jour de 170 fr. et le lendemain de 96 fr. : à combien s'est élevée la recette de ces deux jours ?

977. Un domestique reçoit 360 fr. de gages annuels, plus une gratification de 52 fr. : combien reçoit-il en tout ?

978. J'ai perdu 95 fr. sur le prix d'un cheval, revendu 680 fr. : quel avait été le prix d'achat ?

979. Un cultivateur a récolté 130 gerbes dans un champ et 75 dans un autre : combien a-t-il récolté de gerbes dans ces deux champs ?

980. Il y a 181 jours dans la première moitié d'une année commune : combien y en a-t-il dans les huit premiers mois ?

981. Un écolier a 144 plumes dans une boîte, et 90 dans une autre : combien y a-t-il de plumes dans les deux boîtes ?

982. Deux génisses ont coûté 280 fr. : combien l'acheteur doit-il les revendre pour réaliser un bénéfice de 78 fr. ?

CENT-DEUXIÈME LEÇON.

Addition des nombres 1 à 1000 (suite).

983. Effectuer les additions suivantes:

162 + 39	425 + 391
286 + 43	512 + 288
375 + 56	645 + 354
418 + 68	273 + 627
629 + 82	145 + 486

984. Un champ a 1 hectom. 9 m. de longueur sur 85 m. de largeur : quel est le total de ces deux dimensions?

985. Le plancher d'une chambre a coûté 216 fr.; celui d'une autre, 75 fr. : combien a-t-on payé en tout à l'ouvrier qui a fait le travail?

986. Julie a un panier de 269 pommes et un autre de 88 pommes: combien a-t-elle de pommes dans les deux paniers?

987. Un domestique et une servante, occupés dans la même maison, reçoivent, le premier 336 fr. de gages annuels, et la seconde 192 fr. : combien reçoivent-ils à eux deux?

988. Il y a 3 jours de plus dans les six derniers mois d'une année commune que dans les six premiers: combien y a-t-il de jours en tout dans une année commune.

989. Combien y a-t-il de jours dans deux années communes?

990. Si un marchand vend en moyenne pour 159

fr. de marchandise par jour , pour quelle somme vendra-t-il dans deux jours?

991. On emploie dans une fabrique des hommes et des femmes; les hommes gagnent 572 fr. par mois, et les femmes 256 fr. : à combien s'élève la paye mensuelle?

992. Une demi-douzaine de croisées ont coûté 168 fr. : quel sera le prix d'une douzaine?

993. Un marchand doit acquitter deux factures, l'une de 458 fr., l'autre de 327 fr.: quelle somme doit-il payer?

CENT-TROISIÈME LEÇON.

Addition des nombres 1 à 1000 (suite et fin).

994. Faire les additions suivantes:

125 + 643 + 62		146 + 285 + 362
273 + 465 + 38		208 + 292 + 444
329 + 329 + 46		317 + 428 + 191
482 + 217 + 54		424 + 424 + 127
297 + 364 + 25		509 + 269 + 143

995. Un marchand a fourni pour 288 fr. de drap, 182 de satin et 76 fr. de toile: quel sera le montant de la facture?

996. Trois commerçants se sont partagé un bénéfice ; le premier a reçu 435 fr. le second 267 fr., et le troisième 89 fr.: à combien s'élevait ce bénéfice?

997. Un cultivateur donne chaque jour 175 gr. de sel à ses cinq vaches: quelle quantité leur donne-t-il tous les 3 jours?

998. La roue d'une voiture fait 240 tours par kilomètre et 24 tours par hectom. : combien la roue aura-t-elle fait de tours lorsque la voiture aura parcouru 2 kilom. et un hectom. ?

999. On a récolté dans un are 237 rutabagas; quel serait le nombre de rutabagas récoltés dans trois ares ?

1000. Trois vaches laitières ont produit, en beurre, la première 158 demi-kilogr. la première et la troisième chacune 162 demi-kilogr.: quel est le poids total au beurre produit annuellement par ces trois vaches?

1001. J'achète un jardin de 285 fr., un pré de 356 fr., et une vigne de même valeur que le pré: quelle somme me faut-il pour payer ces trois pièces de terre?

1002. Un cultivateur a vendu de l'orge, du seigle et du blé. Il a vendu pour 167 fr. d'orge, pour 33 fr. de plus de seigle, et la valeur du blé dépasse de 159 fr. celle du seigle: quelle somme le cultivateur a-t-il dû recevoir ?

1003. Un marchand de bois a vendu dans un mois 284 stères de bois de hêtre, 115 stères de bois de chêne et 8 décastères et demi de bois de charme: combien a-t-il vendu de stères en tout ?

1004. Julien paye 247 fr. à son boulanger et 125 fr. à son boucher; il lui reste une somme égale à ces deux payements réunis: combien avait-il auparavant?

CENT-QUATRIÈME LEÇON.

Soustraction des nombres 1 à 1000.

Problème. Gustave avait 75 c.; il en a dépensé 23: combien a-t-il encore de centimes maintenant?

Il a 75 c. — 23 c. qu'il a dépensés.

  75   Pour faire cette soustraction, je mets
  23   le plus petit nombre sous le plus grand,
——   de la même manière que dans l'addition,
  52   c'est-à-dire les unités sous les unités, et
——

les dizaines sous les dizaines. Je souligne le dernier, au-dessous duquel s'écrit le reste.

Et en commençant par les unités, je dis : 3 unités retranchées de 5 unités, il reste 2 unités, que j'écris au-dessous de la colonne des unités ; 2 dizaines retranchées de 7 dizaines, il reste 5 dizaines, que j'écris également sous la colonne des dizaines.

5 dizaines + 2 unités = 52 unités.

Gustave possède encore 52 centimes.

L'on voit par cet exemple qu'il faut retrancher les unités des unités, et les dizaines des dizaines.

Autre problème. Alfred avait 82 noisettes ; il en a donné 47 à son frère: combien a-t-il encore de noisettes maintenant?

Il a 82 noisettes — 47 noisettes qu'il a données à son frère.

Pour faire la soustraction indiquée plus haut, je place comme précédemment, les deux nombres l'un sous l'autre, les unités sous les unités, et les dizaines sous les dizaines. Je souligne le tout.

<table>
<tr><td>82</td><td rowspan="4">Comme je ne peux retrancher 7 unités de 2 unités, j'augmente le chiffre 2 de de 1 dizaine ou 10 unités, ce qui donne 12 unités; 7 de 12, reste 5, que j'écris</td></tr>
<tr><td>47</td></tr>
<tr><td>35</td></tr>
</table>

82
47
—
35

Comme je ne peux retrancher 7 unités de 2 unités, j'augmente le chiffre 2 de de 1 dizaine ou 10 unités, ce qui donne 12 unités; 7 de 12, reste 5, que j'écris sous la colonne des unités.

Passant à la colonne suivante, j'ajoute 1 dizaine au chiffre 4 des dizaines du nombre inférieur, ce qui donne 5 dizaines; 5 de 8, reste 3, que j'écris sous cette colonne.

3 dizaines + 5 unités = 35 unités.

Alfred possède encore 35 noisettes.

J'ai augmenté d'une dizaine le chiffre inférieur des dizaines, afin que la différence des deux nombres ne soit pas altérée. Par conséquent, lorsque le chiffre des unités du plus petit nombre excède son correspondant supérieur, il faut augmenter celui-ci de 10 pour rendre la soustraction possible, et de 1 dizaine le chiffre inférieur de la colonne des dizaines pour compenser l'addition faite au chiffre supérieur de la colonne des unités.

345
86
—
259

926
468
—
458

Si le nombre supérieur ou tous les deux contiennent des centaines, et que le chiffre des dizaines du plus petit nombre soit plus grand que le chiffre supérieur correspondant, on opère sur la colonne des dizaines comme sur celle des unités, et l'on considère le nombre inférieur comme ayant une centaine de plus

Questionnaire.

Comment fait-on pour retrancher un nombre d'un ou de 2 chiffres d'un nombre plus grand moindre que 100?

Que fait-on dans le cas où le chiffre des unités du nombre inférieur est plus grand que son correspondant du nombre supérieur?

Comment opère-t-on lorsque le nombre supérieur contient des

eentaines et que le cas ci-dessus se présente pour la colonne des dizaines?

Qu'écrit-on au résultat, quand il ne reste rien?

A réciter.

46. —Pour retrancher un nombre d'un ou de 2 chiffres d'un nombre plus grand moindre que 100, il faut placer le plus petit nombre sous le plus grand, les unités sous les unités, les dizaines sous les dizaines, et souligner le tout. Puis, en allant de droite à gauche, on retranche successivement les unités des unités et les dizaines des dizaines, en ayant soin d'écrire, après chaque soustraction partielle, la différence trouvée sous la colonne qui l'a fournie. On écrit un zéro quand il ne reste rien.

47. — Lorsque le chiffre des unités du plus petit nombre est plus grand que son correspondant supérieur, on augmente celui-ci de dix unités pour rendre la soustraction possible; mais, afin que la différence des deux nombres ne soit pas altérée, il faut avoir soin d'ajouter aussi 10 unités ou 1 dizaine au chiffre inférieur de la colonne des dizaines pour compenser l'augmentation faite au chiffre supérieur de la colonne précédente.

48. — Si le nombre supérieur ou tous les deux contiennent des centaines, et que le chiffre des dizaines du plus petit nombre soit plus grand que le chiffre supérieur correspondant, on opère sur la colonne des dizaines comme sur celle des unités, et l'on ajoute une centaine de plus au nombre inférieur.

CENT-CINQUIÈME LEÇON.

Soustraction des nombres 1 à 1000 (suite).

1005. Effectuer les soustractions suivantes :

78 — 35		66 — 29
47 — 12		77 — 38
65 — 18		51 — 24
82 — 54		80 — 43
73 — 28		92 — 56

1006. Jules avait gagné 68 fr.; on lui paye un à-compte de 25 fr.: combien lui doit-on encore ?

1007. J'ai acheté 82 mètres d'étoffe; je cède de suite 15 mètres à un voisin et 18 mètres à un autre: combien me reste-t-il de mètres ?

1008. Un joueur entre au jeu avec 61 fr.; il perd d'abord 12 fr., puis 25 fr.: combien lui reste-t-il ?

1009. Un pré a 72 ares de superficie; on y prend 2 jardins de chacun 19 ares: combien reste-t-il d'ares de pré ?

1010. Pauline achète 8 mètres d'étoffe à 10 fr. le mètre, et donne à-compte 7 pièces de 5 fr.: combien doit-elle encore ?

1011. J'ai acheté aujourd'hui, pour mes deux frères et pour moi, 90 poires: combien aurons-nous encore de poires au bout de 8 jours, si nous en mangeons chacun 2 par jour ?

1012. Un voiturier devait transporter 41 stères de bois de charme et 5 décastères de bois de chêne; il en a déjà transporté 36 stères de chaque essence;

combien lui reste-t-il encore de stères à transporter?

1013. Deux ouvrières doivent faire 32 chemises ; elles font une chemise par jour chacune: combien leur restera-t-il de chemises à faire au bout de 9 jours de travail?

1014. Une personne achète 50 mètres de toile; elle en donne 15 mètres à une famille pauvre et 9 mètres à un autre : combien lui reste-t-il de mètres?

1015. Une vigne a 6 décamètres de longueur sur 23 mètres de largeur : quel est l'excès de la première dimension sur la seconde ?

CENT SIXIÈME LEÇON.

Soustraction des nombres 1 à 1000 (suite).

1016. Faire les soustractions suivantes :

400 — 60		960 — 70
800 — 90		320 — 50
500 — 30		270 — 90
200 — 80		610 — 20
600 — 40		730 — 80

1017. Un verger a coûté 300 fr., y compris les frais qui s'élèvent à 30 fr.: quel est le prix de ce verger, frais déduits ?

1018. Une vache et son veau ont été payés 400 fr.; le veau est estimé 50 fr.: à combien revient la vache?

1019. Un cheval, acheté 570 fr., a été revendu avec une perte de 90 fr.: quelle somme l'a-t-on revendu?

1020. Une paire de bœufs est estimée 910 fr.; l'un des bœufs vaut 40 fr. de moins que l'autre : combien coûteraient deux bœufs estimés comme le meilleur marché ?

1021. Deux ouvriers ont fait 730 mètres d'ouvrage; l'un a fait seulement 80 mètres : combien l'autre en a-t-il fait ?

1022. Une servante gagne 220 fr. par an; elle voudrait placer 70 fr. à la caisse d'épargne : combien peut-elle dépenser ?

1023. Mon voisin possède une forêt de 3 hectares 40 ares; il en vend une parcelle de 60 ares : combien lui restera-t-il d'ares ?

1024. Deux personnes ont une somme à se partager; l'une aura 530 fr., et l'autre 70 fr. de moins : combien recevra cette dernière, et quelle est la somme à partager ?

1025. La population d'une commune est de 860 habitants; celle d'une autre comprend 90 habitants de moins : quelle est la population de cette dernière ?

1026. Une personne laisse en mourant une certaine somme à son domestique et à sa servante; le domestique reçoit 440 fr., et sa part excède de 80 fr. celle de la servante : combien celle-ci a-t-elle reçu, et combien ont-ils reçu à eux deux ?

CENT SEPTIÈME LEÇON.

Soustraction des nombres 1 à 1000 (suite).

1027. Effectuer les soustractions suivantes :

562 — 70		649 — 63	
425 — 40		516 — 84	
817 — 90		955 — 73	
548 — 60		846 — 91	
236 — 80		228 — 35	

1028. Un propriétaire avait un troupeau de 485 moutons ; il en a vendu 70 : combien en a-t-il encore ?

1029. On a vendu 465 fr. une pièce de drap sur laquelle on a gagné 90 fr. : combien avait-elle coûté ?

1030. Une vigne a une superficie de 3 hectares 8 ares ; on en vend 80 ares : combien reste-t-il encore d'ares ?

1031. Jacques a une dette de 317 fr., et il lui manque 62 fr. pour se libérer : combien possède-t-il ?

1032. Combien y a-t-il de jours ouvrables dans une année, en comptant 58 jours de repos ?

1033. D'une pièce de vin de 228 litres, on a soutiré 5 décalitres et demi : combien la pièce contient-elle encore de litres de vin ?

1034. Clovis 1er mourut en 511, à l'âge de 45 ans : quelle est l'année de sa naissance ?

1035. Charlemagne mourut en 814, à l'âge de 72 ans : dites aussi l'année de sa naissance ?

1036. Deux frères ont ensemble 132 ans ; l'un a 69 ans : quel est l'âge de l'autre ?

1037. Un champ a 2 hectomètres 5 mètres de lon-

gueur ; sa largeur est moindre de 78 mètres : quelle est la largeur de ce champ ?

CENT-HUITIÈME LEÇON.

Soustraction des nombres 1 à 1000
(suite et fin).

1038. Effectuer les soustractions suivantes :

649	— 235	739	— 254
865	— 432	627	— 286
928	— 514	915	— 286
467	— 231	374	— 197
756	— 555	508	— 379

1039. Quelqu'un demande 3 hectogrammes d'une marchandise ; on lui livre une première fois 8 décagrammes, et une seconde fois 73 grammes ; combien reste-t-il encore de grammes à fournir ?

1040. Un cheval, acheté 465 fr., a été revendu 610 fr. : combien a-t-on gagné ?

1041. Sur un mémoire de 736 fr., on paye un àcompte de 587 fr. : combien est-il encore dû ?

1042. Un négociant a dans sa caisse 642 fr. : il paye deux factures de chacune 188 fr. : combien lui reste-t-il ?

1043. Un ouvrier a gagné 825 fr. l'an dernier ; il a dépensé 320 fr. pendant le premier semestre et 53 de plus pendant le second : combien a-t-il économisé ?

1044. Une personne doit 248 fr. ; elle donne en

payement un billet de 500 fr. : quelle somme doit-on lui rendre ?

1045. Une autre personne doit 139 fr.; elle présente un billet de 200 fr. : combien lui revient-il ?

1046. Un boulanger fournit à une famille pour 364 fr. de pain ; on lui paye d'abord 75 fr., puis 142 fr. : combien lui reste-il encore dû ?

1047. Un ménage achète pour son chauffage annuel 2 décastères de bois et 210 fagots ; il a brûlé 17 stères de bois et 144 fagots : quelle quantité de stères de bois et de fagots lui reste-t-il ?

1048. Jules possède 415 fr.; il doit payer 128 fr. au boulanger et 59 fr. de moins au boucher : quelle somme lui restera-t-il ?

CENT NEUVIÈME LEÇON.

Multiplication avec les nombres 1 à 1000.

Problème. J'ai dépensé 8 fr. chaque jour de la semaine dernière : combien en tout ?

Il y a 7 jours dans une semaine : il est donc clair que j'ai dépensé 7 fois 8 fr., ou 8 fr. $\times$ 7.

La table de multiplication, qui contient tous les produits dont les facteurs n'ont qu'un seul chiffre, donne le résultat demandé.

$8 \times 7 = 56$. J'ai dépensé 56 fr.

Autre problème. Un boucher achète 6 moutons à 39 fr. l'un : combien doit-il payer ?

Il doit payer 6 fois 39 fr., ou 39 fr. $\times$ 6.

Pour faire cette multiplication, je peux, suivan[t]
ce qui a été vu précédemment, écrire le nombre 3[9]
six fois, et faire ensuite l'addition. La somme provenant de cette addition sera le produit.

$$\begin{array}{r} 39 \\ 39 \\ 39 \\ 39 \\ 39 \\ 39 \\ \hline 234 \end{array}$$

Mais en faisant cette opération, je remar[que]
que je prends 6 fois les unités et 6 foi[s]
les dizaines de 39; et, de plus, que la retenue des dizaines fournies par la colonne de[s]
unités s'ajoute à la somme des dizaines.

Je trouverai donc le produit par une voi[e]
plus courte, en disposant l'opération comm[e]
ci-contre, et en disant : 6 fois 9 unités fon[t]
54 unités; 54 unités = 5 dizaines plus [4]
unités. Je pose 4 unités au-dessous des unité[s]
et je retiens 5 dizaines.

$$\begin{array}{r} 39 \\ \times\,6 \\ \hline 234 \end{array}$$

6 fois 3 dizaines font 18 dizaines, et 5 [de]
retenue font 23 dizaines. Je pose 3 au rang de[s]
dizaines et j'avance 2 au rang des centaines.

D'où l'on conclut que pour multiplier un nomb[re]
de 2 chiffres par un nombre d'un seul chiffre, il fa[ut]
écrire d'abord le multiplicande, puis, au-dessous, [le]
multiplicateur, et tirer un trait sous ce derni[er]
nombre.

On multiplie le chiffre des unités par le multiplic[a-]
teur; si le produit ne contient que des unités, [on]
l'écrit au-dessous des unités; s'il contient des dizain[es]
et des unités, on écrit seulement les unités, et [on]
retient les dizaines pour les joindre au produit d[es]
dizaines par le multiplicateur. Ce dernier produit [se]
marque en entier.

La suite des chiffres écrits sous le multiplicate[ur]
est le produit cherché.

$$\begin{array}{r} 60 \\ \times\,4 \\ \hline 240 \end{array}$$

Si le multiplicande ne renferme que d[es]
dizaines pures, la première multiplicati[on]
donne zéro, sans retenue. Par conséquen[t,]
pour obtenir le produit, il suffit de multipl[ier]

les dizaines par le multiplicateur, et de faire suivre le résultat d'un zéro.

Questionnaire.

Comment fait-on la multiplication de deux nombres d'un seul chiffre chacun?

Comment fait-on la multiplication d'un nombre de 2 chiffres par par un nombre d'un seul chiffre?

Comment effectue-t-on la multiplication, lorsque le mul·plicande se compose de dizaines pures?

A réciter.

49. — Pour faire la multiplication de deux nombres renfermant un seul chiffre chacun, il suffit de connaître la table de multiplication, qui contient tous les produits dont les facteurs n'ont qu'un seul chiffre.

50. — Pour effectuer la multiplication d'un nombre de 2 chiffres par un nombre d'un seul chiffre, il faut écrire le multiplicateur sous le multiplicande, et tirer un trait sous le dernier nombre. On multiplie le chiffre des unités par le multiplicateur; si le produit est exprimé par un seul chiffre, on l'écrit au-dessous des unités; s'il est exprimé par deux chiffres, on écrit seulement les unités et on retient les dizaines pour les joindre au produit des dizaines par le multiplicateur. Ce dernier produit s'écrit en entier, et l'ensemble des chiffres posés sous le multiplicateur marque le produit cherché.

51. — Lorsque le multiplicande ne contient que des dizaines pures, il faut, pour obtenir le produit, multiplier les dizaines par le multiplicateur, et ajouter un zéro sur la droite du résultat.

CENT DIXIÈME LEÇON.

Multiplication des nombres 1 à 1000 (suite).

1049. Effectuer les multiplications suivantes :

70 × 5	20 × 9
90 × 3	10 × 7
50 × 8	30 × 4
40 × 7	89 × 8
60 × 6	70 × 7

1050. On achète 7 mètres de drap, à 20 fr. le mètre : combien doit-on payer au vendeur ?

1051. Combien valent de francs 5 pièces de 50 fr., plus 4 pièces de 10 fr. ?

1052. Combien y a-t-il de jours dans 8 mois de 30 jours chacun ?

1053. Combien y a-t-il de jours en tout dans les mois de 30 jours compris dans une année ?

1054. Un tonneau contient 80 litres; un autre a une contenance double : quelle est la capacité de ce dernier ?

1055. Un ouvrier gagne 90 fr. par mois : combien par semestre ?

1056. Il place chaque mois 20 fr. à la caisse d'épargne : combien placera-t-il en 3 trimestres ?

1057. Combien s'écoule-t-il de minutes de midi à 7 heures du soir ?

1058. Quel est le prix de 5 pièces de vin, à raison de 40 fr. la pièce ?

1059. Quel est le prix du même nombre de pièces de vin, à raison de 10 fr. de moins par pièce ?

CENT ONZIÈME LEÇON.

Multiplication des nombres 1 à 1000 (suite).

1060. Faire les multiplications suivantes :

64 × 2			97 × 3	
58 × 2			46 × 3	
95 × 2			69 × 3	
83 × 2			85 × 3	
77 × 2			73 × 3	

1061. Une main de papier a 25 feuilles ; combien y a-t-il de feuilles dans 2 mains ? — dans 3 mains ?

1062. Deux personnes payent une dette ; l'une donne 96 fr., l'autre le double, et la dette se trouve éteinte : quelle est la somme payée par cette dernière, et quel est le montant de la dette ?

1063. Quel est le triple de 5 fois 9 ?

1064. Un employé gagne 85 fr. par mois : combien par trimestre ?

1065. Un autre employé gagne 13 fr. de moins par mois : combien gagne-t-il par trimestre ?

1066. Un enfant a vécu 3 jours et 7 heures : combien a-t-il vécu d'heures en tout ?

1067. Georges me doit 28 fr., et son frère 3 fois plus : combien me doivent-ils à eux deux ?

1068. Jacques, qui a une dette de 47 fr., possède le triple de cette somme : combien lui restera-t-il après avoir payé sa dette ?

1069. Quel argent faut-il pour payer 3 hectolitres de blé à 25 fr. l'hectolitre, et autant d'hectolitres d'orge à 15 fr. l'hectolitre ?

1070. Quel argent faut-il pour payer 2 ares de jardin à 57 fr. l'are, et 3 ares de pré à 75 fr. l'are ?

CENT DOUZIÈME LEÇON.

Multiplication des nombres 1 à 1000. (suite).

1071. Effectuer les multiplications suivantes :

25 × 4	68 × 5
36 × 4	76 × 5
48 × 4	83 × 5
93 × 4	28 × 5
59 × 4	74 × 5

1072. Combien y a-t-il de semaines entières dans 4 années ? — Combien dans 5 années ?

1073. Quel est le quadruple de 7 fois 8 ? — Quel est le quintuple du même nombre ?

1074. Un cultivateur achète quatre moutons à 19 fr. l'un, et 5 brebis à 23 fr. l'une : quelle somme doit-il payer ?

1075. Une bourse renferme 4 fois 32 fr. et 5 fois 68 fr. quelle somme contient-elle en tout ?

1076. Une autre bourse contenait 5 fois 94 fr.; on en a ôté 96 fr. : combien renferme-t-elle encore ?

1077. On a acheté un double-stère de bois de charme, à 9 fr. le stère, et un demi-décastère de bois de hêtre, à 13 fr. le stère : combien coûte en tout l'achat de ce bois ?

1078. On achète 4 douzaines d'oranges et 5 dou-

zaines et demie de poires : combien a-t-on reçu d'oranges, combien de poires, et combien de fruits en tout ?

1879. Une famille dépense 27 fr. chaque semaine ; combien dépensera-t-elle dans 5 semaines, et combien aura-t-elle de reste au bout de ce temps, si son gain s'élève à 49 fr. par semaine ?

1080. Un établissement brûle chaque mois pour 28 fr. de bois, 19 fr. de houille et 11 fr. de tourbe : quelle sera la dépense pour le tiers d'une année ? — Quelle sera la dépense pour une durée de 5 mois ?

CENT TREIZIÈME LEÇON.

Multiplication des nombres 1 à 1000 (suite).

1081. Faire les multiplications suivantes :

88 × 6	19 × 7
75 × 6	45 × 7
37 × 6	34 × 7
28 × 6	65 × 7
79 × 6	84 × 7

1082. Combien y a-il d'heures dans une semaine ?

1083. Une main de papier contient 25 feuilles : combien y a-t-il de feuilles dans 6 mains ?

1084. Un voyageur a marché pendant 13 jours ; il a parcouru 45 kilomètres par jour pendant les 6 premiers jours, et 35 kilomètres par jour pendant les autres jours : combien a-t-il parcouru de kilomètres en tout ?

1085. La pièce de 5 fr. en argent pèse 25 grammes : on demande la valeur et le poids de 7 pièces de 5 fr.?

1085 *bis*. Quel est le contour d'un hexagone qui a 68 mètres de côté ?

1086. Si un hectolitre de blé fournit 74 kilogrammes de farine, combien 7 hectolitres en fourniront-ils ?

1087. Il y a 6 fois 54 mètres de la maison de Charles à l'école : combien Charles doit-il parcourir de mètres pour *un aller* et *un retour ?*

1088. Combien y a-t-il de minutes dans 7 quarts d'heure ?

1089. Un voyageur ayant 552 kilomètres à franchir, en parcourt régulièrement 46 par jour : combien lui restera-t-il de kilomètres à faire au bout de 7 jours de marche ?

1090. Un marchand a acheté 6 pièces d'étoffe, de chacune 72 mètres, à raison de 7 fr. le mètre : combien a-t-il acheté de mètres et quel est le prix d'une pièce ?

CENT QUATORZIÈME LEÇON.

Multiplication des nombres 1 à 1000 (suite).

1091. Effectuer les multiplications suivantes :

72 × 8	17 × 9
96 × 8	48 × 9
77 × 8	65 × 9
49 × 8	87 × 9
35 × 8	56 × 9

1092. Combien y a-t-il de mois dans 8 ans ? dans 9 ans ?

1093. Une caisse de marchandises pèse 85 kilogrammes : combien pèsent 8 caisses de même poids ?

1094. Une autre caisse pèse 11 kilogrammes de moins : combien pèsent 9 caisses du poids de cette dernière ?

1095. Une pièce d'étoffe de 48 mètres a été vendue à raison de 9 fr. le mètre : quel est le prix de cette pièce ?

1096. Une autre pièce d'étoffe contient 24 mètres de plus : combien a coûté cette dernière pièce, vendue à raison de 8 fr. le mètre ?

1097. Une propriété a été divisée en 17 lots, dont 8 de 53 ares et 9 de 45 ares, chacun : combien d'ares en tout contient cette propriété ?

1098. Une autre propriété a été aussi divisée en 17 lots, dont 9 de 62 ares et 8 de 7 ares de moins, chacun : dites la superficie totale de cette propriété ?

1099. Un particulier achète 9 ares de terrain à 98 fr. l'are et paye son achat avec un billet de banque de 1000 fr. : combien doit-on lui rendre.

1100. Un autre achète, à raison de 67 fr. l'are, un terrain ensemencé d'une étendue de 8 ares ; la récolte est estimée 89 fr., tous frais déduits : à combien revient ce terrain nu ?

1101. Un cultivateur vend 9 hectolitres de blé, à 25 fr. l'hectolitre, pour payer un jardin ; le jardin payé, il lui reste 17 fr. sur le prix de vente de son blé : quel est le prix de ce jardin ?

CENT QUINZIÈME LEÇON.

Multiplication des nombres 1 à 1000 (suite).

1er Problème. Quel est le prix de 8 stères de bois, à 10 fr. le stère ?

Les 8 stères coûteront 8 fois 10 fr., ou 10 fr. $\times$ 8.

D'après la règle du N° 51, il suffit de multiplier le chiffre qui représente les dizaines pures par le multiplicateur, et de faire suivre le produit d'un zéro. Comme le chiffre qui représente ici les dizaines est 1, le produit sera égal au chiffre multiplicateur 8, suivi d'un zéro, c'est-à-dire à 80.

Les 8 stères coûteront 80 fr.

D'où l'on conclut que le produit de 10 par un nombre d'un seul chiffre est égal au multiplicateur suivi d'un zéro.

2e Problème. Quel est le prix de 10 mètres d'étoffe à 8 francs le mètre ?

Ces 10 mètres coûteront 10 fois 8 fr., ou 8 fr. $\times$ 10.

En faisant l'addition de 10 nombres égaux à 8, on trouve 80, ou le multiplicande 8 suivi d'un zéro.

Les 10 mètres d'étoffe coûteront 80 fr.

D'où il résulte que le produit d'un nombre d'un seul chiffre par 10, est égal au multiplicande suivi d'un zéro.

3e Problème. Quel est le prix de 10 moutons, vendus à raison de 27 fr. l'un ?

Les 10 moutons coûteront 10 fois 27 fr., ou 27 fr. $\times$ 10.

En faisant l'addition de 10 nombres égaux à 27, je prends 10 fois les unités et 10 fois les dizaines de 27.

10 fois 7 unités = 70 unités. Je pose 0 au-dessous des unités et je retiens 7 dizaines.

10 fois 2 dizaines = 20 dizaines, et 7 font 27 dizaines. J'écris 7 dizaines sous les dizaines, et j'avance 2 au rang des centaines.

Le produit est 270, c'est-à-dire le multiplicande suivi d'un zéro.

Donc pour multiplier un nombre par 10, il suffit d'ajouter un zéro sur la droite de ce nombre.

Questionnaire.

Comment fait-on la multiplication du nombre 10 par un nombre d'un seul chiffre ?

Comment fait-on la multiplication par 10 d'un nombre d'un seul chiffre ?

Comment effectue-t-on la multiplication par 10 d'un nombre de deux chiffres ?

A réciter.

52. — Pour multiplier le nombre 10 par un nombre d'un seul chiffre, il suffit d'ajouter un zéro sur la droite du chiffre multiplicateur.

53. — Pour multiplier par 10 un nombre d'un seul chiffre, il suffit d'ajouter un zéro sur la droite du chiffre multiplicande.

54. — Pour multiplier par 10 un nombre de deux chiffres, il suffit d'ajouter un zéro sur la droite de ce nombre.

CENT SEIZIÈME LEÇON.

Multiplication des nombres 1 à 1000
(suite & fin.)

(Les élèves ont vu par la table de multiplication que le produit ne change pas quand on intervertit l'ordre des facteurs. Les maîtres devront leur faire appliquer ce principe pour simplifier quelques calculs donnés intentionnellement dans cette leçon.)

1102. Faire les multiplications suivantes :

37×9	12×10
6×45	78×10
94×8	99×10
7×38	56×10
76×5	87×10

1103. Un marchand vend 48 oranges à 5 c. l'une, et 52 poires à 2 c. l'une : quelle est, en centimes, la valeur de cette vente ?

1104. Si une toison pèse en moyenne 4 kilogrammes, quel sera le poids de 15 toisons, et quelle en sera la valeur à 2 fr. le kilogr.

1105. Un piéton fait 9 décamètres par minute : quelle longueur parcourra-t-il en 1 heure 25 minutes ?

1106. Quel est le décuple de 12 fois 7 ?

1107. Un marchand a reçu 58 kilogr. de marchandises ; il a payé 7 fr. chaque kilogr., et il l'a revendu 10 fr. : combien, en tout, a-t-il payé sa marchandise, combien l'a-t-il revendue, et combien a-t-il gagné ?

1108. Un pauvre reçoit 10 c. de chacune des 32 personnes qu'il a rencontrées sur sa route ; dites en centimes la somme qu'il a reçue ?

1109. Si un ouvrier travaille 9 heures par jour, combien travaille-t-il d'heures dans les jours ouvrables de trois semaines ?

1110. Une ménagère achète pour 5 fr. de savon, 6 fr. de café, et 8 fr. de sucre; sa voisine dépense une somme 10 fois plus forte pour l'achat des mêmes objets : combien chacune a-t-elle dépensé, et combien ont-elles dépensé à elles deux ?

1111. Si un hectolitre de blé pèse 77 kilogr., et un hectolitre de seigle 67 kilogr., quel sera le poids total de 10 hectolitres de ce blé et de 3 hectolitres de ce seigle ?

1112. Un propriétaire a revendu, à raison de 10 fr. l'are, une terre de 75 ares, achetée à raison de 7 fr. l'are : dites le prix d'achat, le prix de vente, et le gain total ?

CENT-DIXSEPTIÈME LEÇON.

Division des nombres 1 à 1000.

Problème. 5 frères doivent se partager également une somme de 695 fr.: combien chacun recevra-t-il ?

Il s'agit de déterminer la valeur de la part qui doit revenir à chaque frère. Cette part, répétée 5 fois, reproduirait évidemment la somme à partager; par conséquent une part est égale à la 5me partie de 695.

Je dispose ces deux nombres comme on les voit ci-dessous, c'est-à-dire que j'écris sur une même ligne le dividende et le diviseur; je les sépare par un trait vertical, et je souligne le diviseur pour le séparer des

chiffres du quotient, que l'on écrit au-dessous au fur et à mesure qu'on les trouve.

$$\begin{array}{r|l} 695 & 5 \\ 5 & \overline{\quad 139} \\ \hline 19 & \\ 15 & \\ \hline 45 & \\ 45 & \end{array}$$

J'observe que 695 fr. $=$ 600 fr. $+$ 90 fr. $+$ 5 fr. Je peux considérer :

les 600 fr. comme formés de 6 pièces de 100 fr.
les 90 fr. comme formés de 9 pièces de 10 fr.
et les 5 fr. comme formés de 5 pièces de 1 fr.

Je partage d'abord les 6 pièces de 100 fr.; chaque frère a une de ces pièces, et il en reste une que je convertis en pièces de 10. fr.

1 pièce de 100 fr. ou 10 pièces de 10 fr.,
plus 9 pièces de 10 fr. que renferme la somme
valent ensemble 19 pièces de 10 fr.

Je partage ces 19 pièces entre les 5 frères; chacun en a 3, et il en reste 4 que je convertis en pièces de 1 fr.

4 pièces de 10 fr. ou 40 pièces de 1 fr.,
plus 5 pièces de 1 fr. que renferme la somme
valent ensemble 45 pièces de 1 fr., qu'il reste encore à partager. Chaque frère en aura 9, et il ne restera plus rien à distribuer.

Par conséquent chacun d'eux aura reçu :

1 pièce de 100 fr. ou 100 fr.;
3 pièces de 10 fr. ou 30 fr.;
9 pièces de 1 fr. ou 9 fr.;
En tout 139 fr.

On voit par cet exemple que la division sert encore

à partager le dividende en autant de parties égales qu'il y a d'unités dans le diviseur.

Questionnaire.

Qu'est-ce que prendre la 5ᵉ partie d'un nombre ?
Qu'est-ce que prendre la moitié, le tiers, le quart d'un nombre ?
Comment dispose-t-on une division?
Quels sont les deux principaux usages de la division ?

A réciter.

55. — La division est une opération par laquelle on cherche combien de fois un nombre en contient un autre.

Elle sert aussi à partager le dividende en autant de parties égales qu'il y a d'unités dans le diviseur.

CENT DIX-HUITIÈME LEÇON.

Division des nombres 1 à 1000 (suite).

1113. Effectuer les divisions suivantes :

78	: 2	75	: 3
162	: 2	651	: 3
956	: 2	246	: 3
816	: 2	537	: 3
312	: 2	162	: 3

1114. Un marchand a vendu 156 bas : combien cela fait-il de paires ?

1115. Un propriétaire vend 972 fr. deux paires de bœufs estimées de même valeur : quel est le prix de la paire ?

1116. Quelle est la moitié du triple de 78 ?

1117. Quel est le tiers du double de 171 ?

1118. Un enfant avait 132 billes ; il en a perdu le tiers : combien en a-t-il encore ?

1119. Un instituteur gagne 228 fr. par trimestre : combien gagne-t-il par mois ?

1120. Trois fauteuils ont coûté 144 fr. : quel est le prix d'un seul ?

1121. Il a fallu 3 mois à un ouvrier pour économiser 87 fr. : combien économisait-il par mois ?

1122. Un autre ouvrier a mis 2 mois pour économiser 15 fr. de moins que le précédent : combien économisait-il par mois ?

1123. Trois personnes ont à partager 585 fr. ; la première reçoit 153 fr., et les deux dernières se partagent également le reste : combien chacune de celles-ci reçoit-elle ?

CENT DIX-NEUVIÈME LEÇON.

Division des nombres 1 à 1000 (suite).

1124. Faire les divisions suivantes :

64	: 4	860	: 5
208	: 4	910	: 5
260	: 4	705	: 5
348	: 4	510	: 5
140	: 4	365	: 5

1125. Une personne charitable distribue également
52 fr. entre 4 familles pauvres : combien aura chaque
famille ?

1126. Un ouvrier gagne 4 fr. par jour : combien
doit-il travailler de jours pour payer 300 fr ?

1127. Un autre ouvrier gagne 5 fr. par jour : combien doit-il travailler de jours pour gagner 120 fr.
de plus que le précédent ?

1128. A combien de demi-décalitres équivaut une
capacité de 225 litres ?

1129. Quel est le quart du quintuple de 96 ?

1130. Quel est le 5ᵐᵉ du quadruple de 115 ?

1131. On dépense 110 fr. pour acheter des objets à
5 fr. l'un : combien en aura-t-on ?

1132. On dépense 6 fr. de plus pour acheter des
objets à 4 fr. l'un : combien aura-t-on de ces derniers
objets ?

1133. Une personne échange 8 pièces de 20 fr.
contre des pièces de 5 fr. : combien recevra-t-elle de
ces dernières pièces ?

1134. La même personne échange également deux
billets de banque, l'un de 500 fr. et l'autre de 100 fr.,
contre des pièces de 5 fr. : combien recevra-t-elle de
ces pièces ?

CENT VINGTIÈME LEÇON.

Division des nombres 1 à 1000 (suite).

1135. Effectuer les divisions suivantes :

492	: 6	173	: 7
384	: 6	98	: 7
192	: 6	441	: 7
156	: 6	574	: 7
558	: 6	406	: 7

1136. Un ouvrier a gagné 312 fr. pendant le dernier sémestre d'une année : combien a-t-il gagné en moyenne par mois ?

1137. Un établissement dépense 196 fr. par semaine : combien cela fait-il en moyenne par jour ?

1138. 4 frères et 3 sœurs ont à partager par égales portions la somme de 679 fr. : dites la part de chacun ?

1139. Combien peut-on faire de portions de 6 ares dans un champ d'un hectare 2 ares de superficie ?

1140. Combien y a-t-il de demi-douzaines d'œufs dans 84 œufs ?

1141. Quelle somme faut-il verser chaque mois pour payer en 6 mois une dette de 510 fr. ?

1142. Du 1er Janvier au 31 Juillet, un ouvrier a placé 455 fr. à la caisse d'épargne : sachant qu'il y portait tous les mois la même somme, on demande à combien s'est élevé chaque versement ?

1143. A combien de semaines sont équivalents 182 jours ?

1144. 6 ouvriers d'un atelier ont reçu 90 fr. pour 7 jours de travail : combien chacun a-t-il reçu ?

1145. 7 ouvriers d'un autre atelier ont reçu 105 fr. pour 6 jours de travail : combien l'un d'eux a-t-il reçu ?

CENT VINGT-UNIÈME LEÇON.

Division des nombres 1 à 1000 (suite).

1146. Faire les divisions suivantes :

264	:	8	765	: 9
520	:	8	243	: 9
584	:	8	504	: 9
736	:	8	342	: 9
136	:	8	837	: 9

1147. Joseph possède 10 pièces de 10 fr. et 8 pièces de 1 fr. : combien a Paul, qui possède 9 fois moins d'argent ?

1148. Un père de famille gagne 5 par jour et son fils 3 fr. : combien devront-ils travailler de jours pour gagner 280 fr. ?

1149. Un autre père de famille gagne aussi 5 fr. par jour, et chacun de ses deux fils 2 fr. par jour : combien devront-il travailler de jours pour gagner 378 fr. ?

1150. Quel est le 8me du nonuple de 24 ?

1151. Quel est le 9me de l'octuple de 45 ?

1152. Charles a 500 noisettes; il en garde 84 pour

lui et partage le reste par égales portions entre 8 de ses camarades : combien l'un d'eux aura-t-il de noisettes ?

1153. J'ai en bourse 4 pièces de 20 fr., 3 pièces de 10 fr., et 7 pièces de 1 fr.: combien, avec cet argent, pourrai-je payer de stères de bois à 9 fr. l'un ?

1154. 8 moutons payés au même prix reviennent à 200 fr.: quel est le prix de l'un d'eux ?

1155. 9 autres moutons payés aussi au même prix ont coûté 288 fr.: à combien revient l'un d'eux ?

1156. On a payé 9 ares de terrain avec trois billets de banque de 200 fr. chacun, sur la valeur desquels le vendeur a rendu 42 fr.: dites combien a coûté l'are de ce terrain ?

CENT VINGT-DEUXIÈME LEÇON.

Division des nombres 1 à 1000 (suite & fin).

On fera remarquer aux élèves le principe suivant:

Pour diviser par 10 un nombre terminé par un ou plusieurs zéros, il suffit de supprimer un zéro sur la droite de ce nombre.

1157. Effectuer les divisions suivantes :

900	:	5	560	: 10
581	:	7	110	: 10
234	:	9	720	: 10
336	:	6	950	: 10
760	:	8	340	: 10

1158. Combien valent ensemble le tiers et le quart de 72 ?

1159. Trois particuliers doivent payer, le 1er le 5me, le second le 8me, et le 3me le reste d'une dette de 400 fr. : quelle sera la somme payée par chacun d'eux ?

1160. Un chef d'établissement achète deux piles de bois, l'une de 85 stères, et l'autre de 45 : combien cela fait-il de décastères ?

1161. Un jardin carré a 65 mètres de côté : combien ce jardin a-t-il de décamètres de contour ?

1162. Combien 7 pièces de 20 fr., plus 30 pièces de 5 fr. valent-elles de pièces de 10 fr. ?

1163. Un boucher achète 10 moutons pour 185 fr., et il dépense 15 fr. pour les nourrir pendant 2 jours : à combien lui revient un mouton ?

1164. Une ménagère possède 2 sacs de blé de 75 litres chacun : combien, en tout, a-t-elle de décalitres de blé ?

1165. Une couturière a employé 120 mètres de toile pour confectionner des chemises : combien en a-t-elle confectionné, sachant qu'il lui faut 10 mètres de toile pour 2 paires de chemises ?

1166. 10 ouvriers ont fait ensemble un ouvrage qui leur a été payé 516 fr. ; ils prélèvent sur leur gain une somme de 46 fr. qu'ils remettent à un camarade malade, et se partagent le reste par égales portions : dites la part de l'un d'eux ?

1167. Une personne doit rembourser 900 fr. en 12 payements, dont les 10 derniers seront égaux. Le premier et le second payement sont l'un de 75 fr., l'autre de 85 fr. : quel sera chacun des autres ?

CENT VINGT-TROISIÈME LEÇON.

Numération parlée des nombres 1 à 1000000.

Nous avons vu qu'une collection composée de dix centaines s'appelle mille.

On compte par mille non-seulement jusqu'à dix-mille, mais jusqu'à neuf cent quatre-vingt-dix-neuf mille, de cette manière:

un mille, deux mille, trois mille. . . . . . .
dix mille, onze mille, douze mille. . . . . .
cent mille, cent un mille, cent deux mille. . . .,
ainsi de suite jusqu'à neuf cent quatre-vingt-dix-neuf mille.

Il résulte de là que les mille comprendront aussi trois ordres: les *unités de mille*, les *dizaines de mille* et les *centaines de mille*.

D'un autre côté, comme 1000 = 999 + 1, il ne peut y avoir que 999 nombres compris entre deux mille consécutifs quelconques; par suite, pour former ces nombres il suffira de placer après le plus petit nombre de mille les noms des 999 premiers nombres, de cette manière : mille un, mille deux. . . mil neuf cent quatre-vingt-dix-neuf; deux mille un, deux mille deux. . . deux mille neuf cent quatre vingt-dix-neuf . . . ., ainsi de suite, jusqu'à neuf cent quatre-vingt-dix-neuf mille neuf cent quatre-vingt-dix-neuf.

Nous aurons ainsi formé et énoncé tous les nombres de un à neuf cent quatre-vingt-dix-neuf mille neuf cent quatre-vingt-dix-neuf.

Ce dernier nombre augmenté de 1 donne *mille mille* ou *million*.

Questionnaire.

Qu'est-ce qu'un mille?
Jusqu'à quel nombre compte-t-on par mille?
Combien les mille renferment-ils d'ordres?
Quel est le nombre qui précède immédiatement mille?
Comment énonce-t-on les nombres compris entre deux mille successifs ?
Comment appelle-t-on une collection de mille mille ?

A réciter.

56. — On compte par mille jusqu'à neuf cent quatre-vingt-dix-neuf mille.

57. — Les mille renferment aussi trois ordres : les unités de mille, les dizaines de mille et les centaines de mille.

58. — Pour énoncer les nombres compris entre deux mille consécutifs, il faut placer après le plus petit nombre de mille les noms de 999 premiers nombres.

59. — On appelle million une collection de mille mille.

CENT VINGT-QUATRIÈME LEÇON.

Numération écrite des nombres 1 à 1000000.

Nous avons dit qu'on emploie dix caractères pour représenter tous les nombres imaginables; que les

caractères 1, 2, 3, 4, 5, 6, 7, 8, 9 représentent les unités; et que ces mêmes caractères représentent aussi les dizaines et les centaines, selon qu'ils sont suivis d'un ou de deux zéros.

Les nombres de 1 à 999 qui sont employés pour figurer tous les nombres inférieurs à mille, servent aussi pour représenter tous les mille purs; et comme un mille s'écrit ainsi : 1000, on conclut de là qu'un nombre quelconque de mille purs se figurera par ce nombre de mille suivi de 3 zéros destinés à tenir les places vides des centaines, des dizaines et des unités.

Ainsi, pour figurer *dix mille, cent mille*, on écrira 10000, 100000.

De la sorte, on voit qu'il faut 4 chiffres pour représenter les unités de mille, 5 pour les dizaines de mille et 6 pour les centaines de mille.

Les 3 premiers ordres, à partir de la droite, composent la classe des unités; les trois ordres successifs suivants constituent celle des mille.

Le zéro remplit le même office dans la classe des mille que dans celle des unités; il remplace les ordres qui ne sont pas exprimés.

Il est facile de conclure de ce qui précède que pour écrire en chiffres un nombre renfermant deux classes d'unités, il faut écrire successivement les divers ordres de la classe des mille, puis ceux de la classe des unités, en ayant soin de remplacer par des zéros les ordres qui viennent à manquer.

On voit aussi par là que pour lire un nombre composé de deux classes d'unités, il suffit de savoir lire un nombre de trois chiffres.

Ainsi, on partagera le nombre en tranches de 3 chiffres, en commençant par la droite; on énoncera d'abord la première tranche à gauche, qui correspond à la classe des mille; puis la suivante, qui correspond à la classe de unités.

Questionnaire.

Quel est le plus grand nombre au dessous de mille?
Quels sont les nombres employés pour représenter tous les mille
rs?
Comment figure-t-on un nombre quelconque de mille purs?
Combien faut-il de chiffres pour représenter les unités de mille?
 Combien pour les dizaines de mille? — Combien pour les cen-
nes de mille?
Qu'appelle-t on classe des unités? — classe des mille?
À quoi sert le zéro dans la classe des mille?
Comment écrit-on en chiffres un nombre composé de deux classes
nités?
Comment énonce-t-on cette sorte de nombres?

À réciter.

60. — Les nombres de 1 à 999 employés pour fi-
irer tous les nombres inférieurs à mille, servent
issi pour représenter tous les mille purs; dans ce
s, on les fait suivre de trois zéros destinés à mar-
er la place des centaines, des dizaines et des uni-
s.

61. — On emploie un chiffre pour représenter les
iités, deux pour les dizaines, trois pour les centaines,
atre pour les unités de mille, cinq pour les dizaines
 millé, et six pour les centaines de mille.

62. — On appelle classe des unités la réunion des
ois ordres successifs : unités simples, dizaines et
ntaines. On appelle classe des mille la réunion des
ois ordres successifs : unités de mille, dizaines de
ille, et centaines de mille.

63. — Pour écrire en chiffres un nombre composé
 deux classes d'unités, il faut écrire successivement
s divers ordres nommés de la classe des mille, puis
ux de la classe des unités, en ayant soin de mar-
er par des zéros les ordres qui viendraient à man-
ier.

64. — Pour lire un nombre composé de deux classe
d'unités, on le partage, à partir de la droite, e
tranches de trois chiffres, dont chacune correspon
à une classe; ensuite on énonce, en commençant pa
la gauche, la classe la plus élevée, puis l'autre, en fa
sant suivre chacune d'elles du nom qui lui appartiei

CENT VINGT-CINQUIÈME LEÇON.

Principes déduits de la numération.

Soit le nombre 35.

J'écris un zéro sur sa droite, et j'ai 350, nombr
10 fois plus grand que 35, puisque les 35 unités r
présentent maintenant 35 dizaines.

Soit le même nombre 35.

J'écris deux zéros sur sa droite, et j'ai 3500
nombre 100 fois plus grand que 35, puisque les 3
unités expriment à présent 35 centaines.

Soit encore le même nombre 35.

J'écris trois zéros sur sa droite, et j'ai 35000
nombres 1000 fois plus grand que 35, puisque les 3
unités sont devenues 35 mille.

A réciter.

65. — On rend un nombre entier 10, 100, 100
fois plus grand en écrivant à sa droite, un zéro pou
10, deux zéros pour 100, trois zéros pour 1000.

66. — On rend un nombre entier terminé par
s zéros 10, 100, 1000 des fois plus petit, en suppri-
nt sur sa droite, un zéro pour 10, deux zéros
ur 100, trois zéros pour 1000.

CENT VINGT-SIXIÈME LEÇON.

Exercices sur la numération des nombres 1 à 1000000.

Remplacer les points par les mots convenables :
1168. L'ordre des dizaines d'unités est le . . . ; celui
s dizaines de mille, le . . . ; celui des unités de
illo, le . . . Les unités du troisième ordre sont les
. . ; celles du sixième ordre, les . . . ; celles du
emier ordre, les . . . .

Remplacer les points par les chiffres convenables :
1169. Dans le nombre 638475, il y a . . . unités
u quatrième ordre , . . . unités du second ordre ,
. . unités du sixième ordre, . . . unités du troisiè-
e ordre, . . . unités du cinquième ordre, et . . .
nités du premier ordre.

Remplacer les points par les nombres convenables :
1170. Les nombres qui suivent immédiatement
oixante-dix-neuf, trois cent quatre-vingt-dix-neuf
t huit cent quatre-vingt-dix-neuf, sont . . . , . . .
t . . . ; ceux qui précèdent immédiatement dix mille,
inquante mille et cent mille sont . . . , . . . et . . . .

1171. Les nombres qui, entre mille et onze cents, se terminent par un 5, sont . . . , . . . , . . . , ... , . . . , . . . , . . . , . . . et . . .

1172. Ceux qui, entre neuf mille et dix mille, se terminent par un 8, sont . . . , . . . , . . . , . . . , . . . , . . . , . . . , . . . et . . .

1173. Un nombre composé de 5 unités du quatrième ordre et de 2 unités du second ordre est égal à . . . ; celui qui renferme 4 centaines de mille, 8 mille et 9 dizaines d'unités, est égal à . . . ; celui qui contient 6 dizaines de mille, 5 centaines et 8 unités, est égal à . . .

1174. Avec 8 centaines de mille, 3 dizaines et 7 unités, on forme le nombre . . . ; avec 3 unités de mille, 4 dizaines et 17 unités, on forme le nombre . . . ; avec 6 centaines de mille, 1 unité de mille et 15 dizaines d'unités, on forme le nombre . . .

1175. 4 mille, 2 dizaines et 10 unités valent . . . unités; 5 centaines mille, 12 dizaines et 17 unités valent . . . unités; 10 dizaines de mille, 4 centaines et 13 dizaines d'unités valent . . . unités.

1176. Copier et écrire en lettres les nombres exprimés en chiffres dans les phrases suivantes :

Les Croisades commencèrent en 1095 et finirent en 1270. La ville de Calais fut prise par les Anglais le 4 Août 1347; ils occupèrent cette ville pendant 211 ans. La France a 2400 kilomètres de côtes maritimes.

1177. Copier et écrire en chiffres les nombres exprimés en lettres dans les phrases suivantes:

Louis quatorze mourut le premier septembre mil sept cent quinze dans la soixante-dix-septième année de son âge, après un règne de soixante-douze ans. Napoléon 1er, à la tête d'une armée de quatre cent cinquante mille hommes, pénétra en Russie au mois de juin mille huit cent douze.

CENT VINGT-SEPTIÈME LEÇON.

Exercices sur la numération des nombres
1 à 1000000 (suite).

1178. Ecrire en chiffres les nombres un, dix, cent,
le: — sept, soixante-dix, sept cents, sept mille.
1179. Ecrire en chiffres les nombres soixante-huit,
xante-douze, quatre-vingt-un, cent cinq, deux
t dix, quatre cent neuf, cinq cent vingt-huit,
t cent quinze, huit cent neuf, neuf cent soixante-
ize, deux mille, cinq mille.
1180. Ecrire en chiffres les nombres mille huit,
is mille cinq, quatre mille deux, cinq mille neuf,
mille un, deux mille sept, sept mille trois, deux
lle quatre, neuf mille neuf, huit mille six, trois
lle sept, huit mille un.
1181. Ecrire en chiffres les nombres mille douze,
uf mille soixante-cinq, deux mille quarante-huit,
q mille vingt-trois, huit mille quatre-vingt-six,
t mille trente-neuf, trois mille soixante-quatorze,
mille quarante-un, deux mille cinquante, sept
lle trente-quatre.
1182. Ecrire en chiffres les nombres mille quatre
t quatre-vingt-onze, trois mille six cent vingt-
q, huit mille deux cent soixante-treize, six mille
atre-cent cinquante-neuf, deux mille neuf cent
nte-six, sept mille cent soixante-dix-huit, neuf
lle quatre cent dix-sept, cinq mille quatre cent
atre vingt-douze, quatre mille cinq cent vingt-
atre, six mille trois cent quatre-vingt-quinze,

cinq mille neuf cent trente-six; trois mille neuf cent
cinquante-six.

1183. Ecrire en lettres les nombres représentés par
49, 56, 77, 160, 348, 117, 920, 215, 809, 908, 4000,
9000.

1184. Ecrire en lettres les nombres représentés
par 2006, 7002, 3008, 1005, 4004, 8008, 6009, 5003,
3001, 9009, 1003, 7007.

1185. Ecrire en lettres les nombres représentés par
8042, 5014, 6025, 9071, 1010, 2039, 7056, 4098,
3073, 9032, 6066, 5040.

1186. Ecrire en lettres les nombres représentés par
1872, 2718, 4863, 9687, 3926, 5112, 7373, 1414,
5347, 4774, 6789, 8558.

1187. Ecrire en lettres les nombres représentés par
170, 685, 372, 220, 5700, 4308, 7011, 1214, 6083,
2564, 3003, 8049.

CENT VINGT-HUITIÈME LEÇON.

Exercices sur la numération des nombres
1 à 1000000 (suite et fin).

1188. Ecrire en chiffres les nombres dix mille,
cent mille, cinquante mille, cinq cent mille.

1189. Ecrire en chiffres les nombres dix mille huit,
dix mille dix-huit, dix mille cent dix-huit, onze mille
cent onze, soixante-douze mille vingt-six, quarante-
un mille deux cent cinq, soixante-trois mille huit cent
dix, vingt-six mille sept cent quatre, trente-huit

le quarante-sept, cinquante mille sept cent trois,
tre-vingt mille quatre-vingt-dix, soixante-quinze
le soixante-onze.

190. Ecrire en chiffres les nombres cent mille
x, cent mille soixante-trois, cent mille trois cent
tre-vingt-cinq, cent cinq mille deux cent soixante-
torze, cent soixante-quinze mille cent huit, trois
t dix-huit mille, trois cent dix-huit mille sept
t six, huit cent quatre mille trois cent dix-sept,
q cent six mille quarante-un, sept cent quarante-
s mille, sept cent quarante-trois mille dix-neuf,
x cent mille six cent dix.

191. Ecrire en lettres les nombres représentés par
00, 30008, 50014, 60915, 73268, 11001, 88600,
25, 91002, 61017, 28905, 10110.

192. Ecrire en lettres les nombres représentés par
000, 500027, 300506, 701813, 451720, 809046,
180, 261000, 261900, 261102, 264325, 408032.

193. Ecrire en lettres les nombres représentés par
, 816, 4015, 6204, 39600, 301465, 150500,
23, 961078, 75002, 10070, 349168.

CENT VINGT-NEUVIÈME LEÇON.

écomposition et recomposition des nombres
1 à 1000000.

194. Décomposer en leurs différents ordres les
nbres suivants, à partir de l'ordre le plus élevé,

en passant sous silence les zéros, qui remplacent les ordres manquants:

a) 12, 25, 38, 47, 56. 64, 79, 83, 84, 91, 95 et 99.

b) 107, 115, 273, 309, 476, 518, 605, 724, 892, 897, 919, 950.

c) 1026, 1248, 2539, 3089, 6705, 2068, 4310, 5902, 9014, 6700, 6070, 6007.

d) 17204, 28652, 89603, 78500, 78500, 78050, 78005, 64109, 90146, 50316, 37403, 36008, 46012.

e) 123018, 568410, 470014, 507080, 861307, 900909, 481160, 300105, 780032, 910486, 625412, 600738.

f) 8504, 35012, 410816, 17068, 54030, 7107, 70017, 20016, 30869, 1710, 360415, 602418.

(*Modèle:* 7315 unités = 7 mille, 3 centaines, dizaine, 5 unités).

1195. Convertir en unités les différents ordres composant chacun des nombres suivants :

6915, 1026, 5807, 9046, 35047, 43508, 65210, 80462, 361206, 481095, 768110, 891564, 706809, 20015.

(*Modèle:* 38516 = 3000 + 8000 + 500 + 1 + 6).

1196. Composez un seul nombre de chacune des données suivantes, renfermées entre deux tirets:

a) Cinq mille, deux dizaines et sept unités; — u mille; neuf centaines et huit dizaines; — quatr mille, quatre centaines et huit unités; — dix-neu unités, cinq dizaines, une centaine et quatre mille — quatorze unités, six dizaines et neuf centaines: — six dizaines de mille, quatre centaines et dix-sep unités; quarante-trois mille, une centaine et huit d zaines; — cinq dizaines de mille et seize unités; — neuf unités, quatre centaines et six dizaines de mille — quinze unités, une dizaine et soixante-deux mill

neuf centaines de mille, cinq mille, quatre dizaines
sept unités; — cinq unités, trois centaines, quatre
ille et sept centaines de mille; — six centaines de
ille, quatre dizaines de mille, cinq centaines et
ngt-trois unités; — quatorze unités, quatre di-
ines, huit mille, trois dizaines de mille et une cen-
ine de mille; — deux centaines de mille, neuf
ille, une centaine et six unités.

b) 5000 + 800 + 5; — 6000 + 90 + 4; —
000 + 50; — 8000 + 600 + 50 + 5; —
000 + 10 + 6; — 50000 + 5000 + 200 +
; — 60000 + 7000 + 400 + 20; — 90000 +
000 + 70 + 9; — 10000 + 10 + 7; — 50000
+ 1000 + 8; — 500000 + 60000 + 7000; —
00000 + 10000 + 1; — 900000 + 20000 +
000 + 40 + 2; — 500000 + 10000 + 6000
+ 500 + 4; — 200000 + 4000 + 800 + 6.

1197. Un marchand de vin a vendu 1000 litres +
hectolitres + 4 décalitres de vin: combien a-t-il
endu de litres en tout ?

1198. Un négociant doit payer 20000 fr. + 5000
. + 700 fr. + 95 fr.: combien en tout ?

1199. Un propriétaire a trois vignes qui lui ont
roduit, la première 10000 litres, la seconde 9000
tres et la troisième 7 hectolitres 15 litres: combien
es trois vignes ont-elles produit de litres en tout ?

1200. Un spéculateur achète une maison pour
00000 fr.; il y fait pour 10000 fr. de réparations, et
a revend avec un bénéfice de 8720 fr.: combien l'a-
il revendue ?

CENT TRENTIÈME LEÇON.

Addition avec les nombres 1 à 1000000.

Nous ne complétons pas ici l'exposé théorique des deux premières règles ; les maîtres et les maîtresses voudront bien suppléer aux lacunes des notions précédentes.

Effectuer les additions suivantes :

1201.	75	1202.	45	1203.	132	1204.	46
	81		17		416		168
	27		83		378		52
	98		38		516		924
	46		67		804		645
	53		24		15		73
	25		19		24		37

1205. Six cent huit + neuf cent quatre-vingt-treize + soixante-quinze + cinq cent quarante-six + cent quatorze + huit cent neuf + neuf cent huit.

1206. Cent trente-neuf + huit cent seize + trois cent soixante-dix + quatre cent quatre-vingt-six + neuf cent vingt-sept + huit cent cinquante-sept + cent dix-neuf.

1207. Trois cent vingt-cinq + six cent trente-sept + deux cent vingt-deux + trois cent trente-trois + quatre cent quarante-quatre + huit cent soixante-douze + soixante-dix-sept.

1208. Neuf cent soixante-cinq + cinq cent soixante-neuf + trois cent soixante-onze + huit cent quatre-

vingt-seize + quatre cent six + deux cent cinquante-deux + six cent quatre-vingt-dix-huit.

1209. Paul a 39 fr., Jules 56 fr., Henri 45 fr., Louis 87 fr., et Emile autant que les quatre autres : combien ont-ils ensemble ?

1210. Combien y a-t-il de jours dans quatre années, dont une bissextile ?

1211. La population d'une commune renferme 532 garçous, 443 filles, 316 hommes mariés, autant de femmes, 24 veufs et 79 veuves : combien cette commune a-t-elle d'habitants ? ·

1212. On a fait 4 payements ; le premier était de 435 fr., le troisième de 386 fr., et le quatrième était égal à la somme du premier et du troisième : dites le total de ces 4 payements ?

CENT TRENTE-UNIÈME LEÇON.

Addition des nombres 1 à 1000000 (suite).

Faire les additions suivantes :

1213.	1214.	1215.	1216.
807	312	2401	7018
506	238	3403	8107
308	425	4904	5014
602	674	8100	4105
109	547	9816	9988
175	153	7562	8899
463	886	6197	1743

1217. Sept mille six cent quatorze + huit mille

cent soixante-sept + deux mille trois cent soixante-quinze + neuf mille huit cent quatorze + quatre mille cent quatre-vingt-neuf + cent soixante-douze + mille quatre-vingt-un.

1218. Huit mille neuf cent un + sept mille huit cent quatre-vingt-quatorze + deux mille six cent sept + huit mille neuf cent cinq + six mille soixante-six + cinq mille sept cent soixante-dix-huit + trois cent cinquante-six.

1219. Deux cent neuf + cinq cent soixante-un + mille cinq cent huit + neuf mille neuf cent vingt-cinq + quatre mille quatre-vingt-dix-neuf + six mille cent quatre-vingt-treize + huit mille quarante-deux.

1220. Mille deux cents quatorze + sept mille cent soixante-deux + huit cent soixante-dix-huit + cinq mille sept cent quatre-vingt-dix + huit mille sept cent cinq + six mille neuf cent quarante-trois + quatre mille quatre-vingt-dix-sept.

1221. Un marchand de vin a vendu 4 barils de vin de chacun 25 litres, 2 feuillettes de chacune 114 litres, et 3 pièces de chacune 228 litres : combien a-t-il vendu de litres de vin en tout?

1222. On a 5 nombres, dont le premier est 3078, le second 4510, et les trois derniers sont égaux chacun à 5986: quelle est la somme de ces 5 nombres?

1223. Un épicier a vendu le lundi pour 496 fr. de marchandises; le mardi pour 594 fr.; le mercredi pour 375 fr.; le jeudi autant que le mardi; le vendredi pour 2092 fr.; et le samedi pour 638 fr. de plus que le mercredi: quelle a été la recette de ces six jours?

1224. Un marchand a acheté 6 pièces d'étoffe, dont deux du prix de 864 fr. chacune, la troisième de 657 fr., la quatrième de 1015 fr., et les deux autres de chacune 792 fr.: combien doit-il payer en tout?

CENT TRENTE-DEUXIÈME LEÇON.

Addition des nombres 1 à 1000000
(suite et fin).

Faire les additions suivantes :

1225. — 904 + 6505 + 5462 + 7018 + 1014 + 9066 + 281 + 967.

1226. — 7409 + 5036 + 2659 + 8107 + 4101 + 6608 + 8912 + 6075.

1227. — 58042 + 56057 + 45094 + 64916 + 50108 + 14155 + 70815 + 10162.

1228. — 17014 + 60119 + 80124 + 62817 + 20658 + 90465 + 36477 + 51829.

1229. Mille douze + trois mille soixante-seize + quarante-huit mille cinquante-deux + huit cent mille quatre-vingts + soixante mille quatre-vingt-quinze + douze mille deux cent soixante-six + cinq mille six cent soixante-dix-huit + sept mille cent sept.

1230. Quarante-huit mille neuf cent cinq + cinquante mille neuf cent quatre-vingt-quatre + soixante-onze mille quarante-six + cent vingt-huit mille dix-sept + cent dix-sept mille cent vingt-huit + neuf mille neuf cent soixante-cinq + cinq mille six cent quatre-vingt-dix-neuf + trois mille vingt-quatre.

1231. Quarante-huit mille soixante-trois + vingt-un mille quatre cent quatre-vingt-deux + cinq mille vingt-neuf + cent huit mille quatre cent dix-huit + neuf mille trois cent trente-cinq + cent soixante-

huit mille huit cent quatre-vingt-dix-huit + quatre mille huit cent soixante-sept + trois cent neuf mille cent quatre-vingt-douze + quarante mille cent huit.

1232. Deux cent trois mille six cent quinze + quatre-vingt-un + sept cent treize + neuf mille six cent vingt-sept + quatre-vingt-dix mille six cent trente-huit + trois cent douze mille neuf cent quatre-vingt-dix + deux cent vingt-deux mille cent onze + cent onze mille huit cent quatre-vingt-huit + quarante-huit mille trois cent trente-sept.

1233. Une maison a coûté 10860 fr. d'achat et 825 fr. de frais; une autre maison a coûté le double: quel est le prix total de ces deux maisons ?

1234. Quel est la somme des nombres qui, entre 59600 et 59700, sont terminés par 4 ?

1235. Quatre négociants se sont associés pour une entreprise et ont apporté, le premier 28610 fr., le deuxième 1985 fr. de plus que le premier, le troisième autant que les deux précédents, et le quatrième 1800 fr. de plus que le troisième: combien d'argent, en tout, a-t-il été apporté dans cette entreprise ?

1236. Cinq personnes se sont partagé une somme, de manière que la part de chacune d'elles surpasse de 1268 fr. celle qui la précède: sachant que celle qui a eu le moins a reçu 18935 fr., quelle a été la part de chacune des quatre autres, et quelle était la somme à partager ?

CENT TRENTE-TROISIÈME LEÇON.

Soustraction avec les nombres 1 à 1000000.

1237. De 452 ôter 294   De 8371 ôter 528
       816   432   6120   4267
       981   526   2468   785
       373   188   2410   1871

1238. De 1015   De 6804   De 9610   De 7008
       ôter 367   ôter 2628   ôter 2925   ôter 6109

1239.   1111   2110   7146   9015
      — 342   — 657   — 2862   — 4596

1240. Un particulier avait emprunté 775 fr.; il a remboursé une première fois 318 fr., et une seconde fois 276 fr.: combien doit-il encore ?

1241. Un négociant reçoit les sommes suivantes : 325 fr., 512 fr., 847 fr. et 90 fr.; il paye 936 fr.: combien lui reste-t-il ?

1242. Sur une dette de 3150 fr., un débiteur paye deux à-compte de chacun 876 fr.: quelle somme doit-il encore ?

1243. Un chapelier revend 1152 fr. 8 douzaines de chapeaux et gagne 2 fr. sur chaque chapeau: combien les a-t-il payés ?

CENT TRENTE-QUATRIÈME LÇON.

Soustraction avec les nombres 1 à 1000000 (suite et fin).

1244. De 9000 ôter 1542   De 60152 ôter 25724
         21614   7325   39617   9678
          7005   3116   52924   23687
         72846   1268   84600   48593

1245   De   710435   De   580182
        ôter 268677   ôter 156537

        De   900224   De   10000
        ôter 666555   ôter 6253

1246.   810827   500000
           — 94619   — 54321

             373645   70150
           — 126838   — 41365

1247. On avait 10050 gerbes à battre ; on en a battu d'abord 1875, puis 4630, puis 2647 : combien en reste-t-il à battre ?

1248. Un domaine a été vendu 60625 fr.; sur ce prix, l'acheteur a payé un à-compte de 13645 fr., puis deux autres de chacun 18614 fr.: combien doit-il encore ?

1249. Un oncle laisse une fortune de 548300 fr. à 3 neveux et à une nièce. Chaque neveu aura 116226 fr.: quelle sera la part de la nièce, et combien recevra-t-elle de plus que l'un des neveux ?

1250. Quatre greniers renferment 395 hectolitres de blé. Le premier contient 102 hectolitres, le deuxième 67 décalitres de moins que le premier, et le troisième 28 doubles décalitres de plus que le second : combien le quatrième contient-il de litres ?

CENT TRENTE-CINQUIÈME LEÇON.

Multiplication avec multiplicateurs moindre que 100.

Problème. Un fermier doit payer 36 fr. à chac des 20 ouvriers qu'il a occupés: quelle somme faut-il pour cela ?

Il lui faut 20 fois 36 fr., ou 36 fr. $\times$ 20.

10 fois (2 fois 36) {
2 fois 36 { 36, 36
2 fois 36 { 36, 36
2 fois 36 { 36, 36
2 fois 36 { 36, 36
2 fois 36 { 36, 36
} 10 fois 36
2 fois 36 { 36, 36
2 fois 36 { 36, 36
2 fois 36 { 36, 36
2 fois 36 { 36, 36
2 fois 36 { 36, 36
} 10 fois 36
} 2 fois (10 fois 3

10 fois (2 fois 36) = 720 = 2 fois (10 fois 3

$$20 \text{ fois } 36 = 2 \text{ fois } (10 \text{ fois } 36).$$
$$10 \text{ fois } 36 = 360.$$
$$2 \text{ fois } 10 (\text{fois } 36) = 360 \times 2 = 720.$$

De l'examen du tableau ci-dessus, il résulte que
2 fois (10 fois 36) = 10 fois (2 fois 36).
Je déterminerai donc le même produit en disant:

$$2 \text{ fois } 36 = 72;$$
$$10 \text{ fois } (2 \text{ fois } 36) = 72 \times 10 = 720.$$

D'où l'on conclut que pour multiplier un nombre
par un chiffre suivi d'un zéro, il suffit de multiplier
comme si le zéro n'y était pas, mais de le mettre à la
droite du produit.

Autre problème. Un marchand d'étoffes a vendu
36 mètres de drap à 28 fr. l'un: combien a-t-il dû
recevoir ?

Le marchand a dû recevoir 36 fois 28 fr., ou 28
$\times$ 36.

$$36 \text{ fois } 28 = 30 \text{ fois } 28 + 6 \text{ fois } 28.$$
$$6 \text{ fois } 28 = 168$$
$$30 \text{ fois } 28 = 840$$
$$\overline{36 \text{ fois } 28 = 1008}$$

Le marchand a dû recevoir 1008 fr.

Multiplicande	28	
Multiplicateur	$\times$ 36	
	168	1er produit partiel.
	84	2e produit partiel.
	1008	produit total.

Un zéro placé à la suite de 84 dizaines n'influerait
en rien sur la somme des produits partiels, on peut
donc se dispenser de l'écrire, pourvu qu'on ait soin
de mettre sous les dizaines le chiffre 4 du second produit partiel.

A réciter

67. — Pour multiplier un nombre par un chif
exprimant des dizaines, il faut multiplier le noml
par ce chiffre, et ajouter un zéro à la suite du pr
duit.

68. — Pour multiplier un nombre par un aut
moindre que 100, on multiplie tout le multiplican
par le chiffre des unités du multiplicateur, puis p
celui des dizaines; on écrit le second produit sous
précédent, de manière que le premier chiffre s
porté au rang des dizaines. On ajoute ensuite l
deux produits partiels: leur somme est le prod
total.

CENT TRENTE-SIXIÈME LEÇON.

Multiplication avec multiplicateurs moindre que 100 (suite).

Faire les multiplications suivantes:

1251.	45 × 20	62 × 90
	36 × 30	56 × 70
	78 × 40	24 × 80
	81 × 50	91 × 60
1252.	25 × 11	26 × 15
	46 × 12	98 × 16
	75 × 13	36 × 17
	93 × 14	71 × 11

1253. Un propriétaire remet à son domestique, payé à raison de 25 fr. par mois, ses gages de deux ans et demi: quelle somme lui compte-t-il en tout?

1254. Combien payera-t-on pour 40 douzaines de mouchoirs à 36 fr. la douzaine?

1255. Quel sera le prix de 19 kilogrammes de marchandises, à raison de 23 fr. le kilogramme?

1256. A 26 fr. le mètre de drap, quel sera le prix de 28 mètres?

CENT TRENTE-SEPTIÈME LEÇON.

Multiplication avec multiplicateurs moindres que 100 (suite).

Effectuer les multiplications suivantes:

1257.
25×19	16×24
69×21	32×25
47×22	93×26
81×23	64×27

1258.
62×34	51×42
35×35	66×45
26×37	83×56
18×39	19×58

1259. Un ouvrier gagne 27 fr. par semaine: combien gagne-t-il dans la moitié d'une année?

1260. Un autre ouvrier et son fils aîné gagnent ensemble 38 fr. par semaine: combien gagnent-ils par an?

1261. 65 personnes ont dépensé chacune 19 fr. quelle a été la dépense totale?

1262. Un tisserand travaille de six heures du matin à huit heures du soir : combien travaille-t-il d'heures pendant les deux premiers mois d'une année bissextile, si l'on compte 9 jours de repos?

CENT TRENTE-HUITIÈME LEÇON.

Multiplication avec multiplicateurs moindres que 100 (suite).

Faire les multiplications suivantes :

1263.	19×62	72×86
	56×68	25×92
	32×75	54×93
	64×79	38×38
	68×82	56×56
1264.	25×25	69×69
	36×36	73×73
	47×47	84×84
	58×58	92×92

1265. Un double-décalitre de blé pèse 15 kilogrammes; quel est le poids de 28 doubles-décalitres de ce blé?

1266. Si cent bottes de paille se payent 42 fr.; quel sera le prix de 1500 bottes?

1267. La différence de deux nombres est 19 et le

lus petit est 54: quel est le nombre 25 fois plus fort
ue le plus grand ?

1268. La différence de deux nombres est 82, et le
lus grand est 136: quel est le nombre 37 fois plus fort
ue le plus petit ?

CENT TRENTE-NEUVIÈME LEÇON.

Multiplication avec multiplicateurs moindres que 100 (suite & fin).

Effectuer les multiplications suivantes :

1269.
125×12 513×36
350×16 742×54
481×25 835×67
372×48 914×83

1270.
1068×11 5096×45
2835×17 9527×92
3452×26 6916×14
4278×32 8175×86

1271. Un étau a coûté 136 fr. : combien coûteraient
deux douzaines d'étaux de même valeur ?

1272. Une pièce de drap a coûté 158 fr., et une
autre pièce de qualité différente a coûté 215 fr. : quel
era le prix total de 23 pièces de chaque qualité ?

1273. Un pain pèse 25 grammes de moins que 3
kilogrammes : combien pèsent 12 pains de même
poids ?

1274. A combien de minutes est équivalente une
durée de trois semaines ?

CENT QUARANTIÈME LEÇON.

Division avec diviseurs moindres que 100.

Soit à diviser 9752 par 53.

```
9752 | 53
53::   ――――
――――   184
 445:
 424:
――――
 212
 212
――――
 ...
```

Je prends deux chiffres sur la gauche du dividende, parce qu'ils suffisent pour contenir le diviseur, et je dis : en 97, combien de fois 53, ou simplement en 9 combien de fois 5 ? Je trouve 1 fois, que j'écris au quotient. Je multiplie 53 par 1 ; je porte le produit sous 97 et je le retranche de ce premier dividende partiel ; ce qui donne le reste 44, à la droite duquel j'abaisse le chiffre suivant 5 du dividende. Je continue en disant : en 445, combien de fois 53, ou en 44 combien de fois 5 ? Je trouve 8 fois, que j'écris à la droite du quotient qu'a fourni la première opération. Je multiplie 53 par 8, et je porte le produit 424 sous le second dividende partiel. Je fais la soustraction ; il reste 21, à la droite duquel j'abaisse le chiffre 2 du dividende. J'obtiens ainsi 212 pour troisième dividende partiel, et je dis : en 212, combien de fois 53, ou en 21 combien de fois 5 ? Je trouve 4 fois, que j'écris à la suite du quotient qu'a donné la seconde opération. Le produit du diviseur par ce chiffre est 212. Je le soustrais du dernier dividende partiel ; comme il ne reste rien, la division est dite *exacte*, et 184 en est le quotient complet.

Il peut arriver que la multiplication du diviseur par le chiffre du quotient donne un produit plus grand que le dividende partiel. Dans ce cas, le diviseur a été pris plus de fois qu'il n'est réellement contenu dans ce dividende; il faut alors diminuer le chiffre porté au quotient d'une ou de plusieurs unités, afin que la soustraction devienne possible.

Si, au contraire, on mettait un chiffre trop faible au quotient, le reste serait ou égal au diviseur, ou plus grand que ce dernier nombre: ce qui indiquerait qu'il contient encore le diviseur, et qu'il faut augmenter le chiffre écrit au quotient d'une ou de plusieurs unités.

A réciter.

69. — Pour effectuer la division de deux nombres, on prend sur la gauche du dividende autant de chiffres qu'il en faut pour former un nombre qui contienne le diviseur. On cherche combien de fois cette *partie* du dividende, appelée premier dividende *partiel*, contient le diviseur, et on écrit sous celui-ci le chiffre que l'on trouve. On multiplie le diviseur par ce chiffre; on retranche le produit du premier dividende partiel, et à côté du reste on abaisse le chiffre suivant du dividende total. On obtient ainsi un second dividende partiel sur lequel on opère comme sur le premier; et on continue de la même manière jusqu'à ce que l'on ait employé tous les chiffres du dividende total.

CENT QUARANTE-UNIÈME LEÇON.

Division avec diviseurs moindres que 100 (suite).

Effectuer les divisions suivantes :

1275.

264	: 11		700	: 25
312	: 12		476	: 28
435	: 15		768	: 32
756	: 18		864	: 36

1276.

504	: 36		837	: 27
912	: 16		546	: 14
765	: 45		414	: 18
986	: 29		405	: 15

1277. Un instituteur gagne 900 fr. par an : combien cela fait-il par mois ?

1278. Un champ, acheté à raison de 68 fr. l'are, a été payé 884 fr. : combien contient-il d'ares ?

1279. 17 mètres de drap d'une certaine qualité coûtent 544 fr. : combien doit payer une personne qui achète 4 mètres de ce drap ?

1280. Un ouvrier gagne 888 fr. par an, et met de côté 216 fr. : combien peut-il dépenser par mois ?

CENT QUARANTE-DEUXIÈME LEÇON.

Division avec diviseurs moindres que 100 (suite).

Faire les divisions suivantes :

1281.

1232	: 44		4785	: 87
1610	: 46		2576	: 92
3584	: 56		3534	: 64
4104	: 76		5472	: 96

1282.

1224	: 17		5904	: 82
1701	: 63		3584	: 59
1482	: 19		3906	: 63
3384	: 94		2256	: 47

1283. Un individu a dépensé la 15e partie d'une somme de 1170 fr. : combien lui reste-t-il ?

1284. Il est dû 1530 fr. d'appointements à un employé qui gagne 85 fr. par mois : combien lui est-il dû de mois d'arriéré ?

1285. 25 hectolitres d'orge pèsent 1650 kilogr. : quel est le poids de 3 hectolitres ?

1286. Un marchand achète 8 décastères et demi de bois, à raison de 12 fr. le stère ; il donne en payement 60 mètres de drap : combien estime-t-il le mètre de ce drap ?

CENT QUARANTE-TROISIÈME LEÇON.

Division avec diviseurs moindres que 100
(suite & fin.)

Faire les divisions suivantes :

1287.	10578 : 86	18386 : 58
	25530 : 74	15651 : 37
	24381 : 43	35721 : 49
	19725 : 25	60960 : 96
1288.	21336 : 28	50482 : 86
	29565 : 45	52606 : 58
	19665 : 69	25516 : 35
	15504 : 38	56870 : 94

1289. Un boucher a tué dans une année 95 bœufs qui lui ont donné 2432 kilogr. de suif; 38 de ces animaux en ont fourni 950 kilogr. : combien, en moyenne, chacun des autres a-t-il produit de suif ?

1890. Un homme a disposé d'une somme de 29760 fr. en faveur de 3 neveux, 4 nièces et 12 cousins; chaque neveu a eu 2580 fr. et chaque nièce 2610 fr. : quelle a été la part de l'un des cousins ?

1291. Un cultivateur achète une propriété pour la somme de 45200 fr. sur laquelle il paye immédiatement 25400 fr. Il doit solder le reste en une année et faire, chaque mois, 2 payements égaux: quel sera l'un de ces payements ?

1292. On a 15744 fr. à partager entre 20 personnes; 8 d'entre elles auront chacune un seizième de cette

somme, et les autres partageront le reste par égales portions: combien recevra l'une des personnes de chaque catégorie?

FIN DU COURS DE CALCUL.

TABLE

DES DIVISIONS DU COURS PRÉPARATOIRE DE CALCUL.

PROCÉDÉS GÉNÉRAUX
DE CALCUL MENTAL

Calcul verbal avec les nombres 1 à 100.

I. Addition de dizaines pures.

Dans le calcul chiffré, les opérations, sauf la division, se font en allant de droite à gauche; dans le calcul verbal, au contraire, les opérations se font en commençant par la gauche, c'est-à-dire par l'ordre le plus élevé; puis on passe successivement aux ordres inférieurs.

1. Combien font 30 + 40 ?
   Je dis : 30 = 3 dizaines; 40 = 4 dizaines;
   3 dizaines + 4 dizaines = 7 dizaines = Rép. 70.
   Exercices et problèmes : 54ᵉ et 55ᵉ leçon.

II. Addition de dizaines pures et de nombres mixtes.

2. Combien font 20 + 15 ?
   15 = 10 + 5; 20 + 10 = 30; 30 + 5 = Rép. 35.

3. Combien font 67 + 30 ?

$$67 = 60 + 7; \quad 60 + 30 = 90; \quad 90 + 7 =$$

Rép. 97.

Ou bien : $67 = 6$ dizaines $+ 7$ unités ; $30 = 3$ dizaines ;
6 dizaines $+ 3$ dizaines $= 9$ dizaine ou 90 unités ; $90 + 7 =$ Rép. 97.

Exercices et problèmes : 56ᵉ et 57ᵉ leçon.

III. Addition de nombres mixtes.

4. Combien font $46 + 23$?
$$46 + 20 = 66; \quad 66 + 3 = \text{Rép. } 69.$$

Ou bien : $40 + 20 = 60; \quad 60 + (6 + 3) =$ Rép. 49.

Ou encore : $46 = 4$ dizaines $+ 6$ unités ; $23 = 2$ dizaines $+ 3$ unités ; 4 dizaines $+ 2$ dizaines $= 6$ dizaines ou 60 unités ; $60 + (6 + 3) =$ Rép. 69.

5. Combien font $38 + 45$?
$$38 + 40 = 78; \quad 78 + 5 = \text{Rép. } 83.$$

Ou bien : $30 + 40 = 70; \quad 70 + 8 = 78; \quad 78 + 5 =$ Rép. 83.

Exercices et problèmes : 58ᵉ et 59ᵉ leçon.

6. Quand on doit ajouter 9 ou 8 à un nombre, on peut compléter la dizaine et retrancher du total 1 ou 2 unités : c'est un moyen de faciliter l'addition de deux nombres.

Combien font $36 + 9$?
Je dis : $36 + 10 = 46; \quad 46 - 1 =$ Rép. 45.

7. On pourra opérer d'une manière analogue, si l'un des deux nombres se termine par 8 par 9.

Combien font $48 + 15$?

50 + 15 = 65; 65 — 2 = Rép. 63.

IV. Soustraction de dizaines pures.

8. Retrancher 30 de 50.
50 = 5 dizaines; 30 = 3 dizaines;
5 dizaines — 3 dizaines = 2 dizaines = Rép. 20.
Exercices et problèmes : 60ᵉ, 61ᵉ, 62ᵉ et 63ᵉ leçon.

V. Soustraction avec des dizaines pures et des nombres mixtes.

9. Soustraire 20 de 73.
73 = 70 + 3; 70 — 20 = 50; 50 + 3 = Rép. 53.

10. Ôter 23 de 70.
23 = 20 + 3 ; 70 — 20 = 50 ; 50 — 3 = Rép. 47.
Exercices et problème; 64ᵉ leçon.

VI. Soustraction avec des nombres mixtes.

11. Retrancher 24 de 59.
24 = 20 + 4 ; 59 — 20 = 39 ; 39 — 4 = Rép. 35.

Ou bien: 59 = 50 + 9; 50 — 24 = 26; 26 + 9 = Rép. 35.

12. Ôter 28 de 65.
28 = 20 + 8 ; 65 — 20 = 45 ; 45 — 8 = Rép. 37.

Ou bien : 65 = 60 + 5 ; 60 — 28 = 32 ; 32 + 5 = Rép. 37.
Exercice et problèmes : 65ᵉ et 66ᵉ leçon.

13. Au lieu de retrancher du grand nombre toutes les unités du petit, il est préférable, quand la différence n'est pas grande, de chercher ce qui manque au petit nombre pour valoir le grand.
Soustraire 19 de 25.
Il manque 6 à 19 pour valoir 25.
25 — 19 = Rép. 6.

Calcul verbal avec les nombres 1 à 1000.

VII. Addition de dizaines suivies d'unités.

Les élèves, connaissant les produits des 10 premiers nombres par 10, n'éprouveront aucune difficulté à convertir en unités les dix premières dizaines. Mais comme il est important, pour tirer un profit réel des leçons suivantes, que les enfants sachent *dès à présent* réduire en unités les dizaines exprimées par deux chiffres, on les exercera d'abord à faire des réductions de dizaines en unités, afin de leur donner à cet égard une grande facilité d'exécution.
Exemple: Combien 15 dizaines valent-elles d'unités ?

15 dizaines = 10 dizaines + 5 dizaines ;
10 dizaines = 100 unités ; 5 dizaines = 50 unités ;
100 unités + 50 unités = Rép. 150 unités.

D'où la règle suivante :

Pour réduire en unités un nombre de dizaines, il suffit d'ajouter un zéro sur la droite de ce nombre.

14. Combien font 76 + 58?

7 dizaines + 5 dizaines = 12 dizaines ou 120;
8 + 6 = 14; 120 + 14 = Rép. 134.
Ou bien: 76 + 50 = 126; 126 + 8 = Rép. 134.

15. Pour faire l'addition de 4 nombres, on peut chercher la somme des deux premiers, puis celle des deux derniers, et réunir les deux somme partielles. Combien font 83 + 96 + 74 + 35 ?
83 + 96 = 179; 74 + 35 = 109;
179 + 109 = Rép. 288.

Exercices et problèmes : 98°, 99° et 100° leçon.

VIII. Addition de centaines, de dizaines et d'unités.

16. Combien font 630 + 50?
630 = 600 + 30; 30 + 50 = 80;
600 + 80 = Rép. 680.

Ou bien: 63 dizaines + 5 dizaines = 68 dizaines
= Rép. 680.

17. Combien font 540 + 39?
540 = 500 + 40; 40 + 39 = 79;
500 + 79 = Rép. 579.

Ou bien: 54 dizaines + 3 dizaines = 57 dizaines
ou 570;
570 + 9 = Rép. 579.

18. Combien font 268 + 43 ?
268 = 200 + 68; 68 + 43 = 111;
200 + 111 = Rép. 311.

Autrement: 26 dizaines $+$ 4 dizaines $=$ 30 dizaines ou 300;
300 $+$ (8 $+$ 3) $=$ Rép. 311.

19. Combien font 352 $+$ 419?
300 $+$ 400 $=$ 700; 50 $+$ 10 $=$ 60; 9 $+$ 2 $=$ 11;
700 $+$ 60 $+$ 11 $=$ Rép. 771.
Autrement: 35 dizaines $+$ 41 dizaines $=$ 76 dizaines ou 760; 760 $+$ (2 $+$ 9) $=$ Rep. 771.

20. Combien font 132 $+$ 415 $+$ 68 ?
100 $+$ 400 $=$ 500; 30 $+$ 10 $+$ 60 $=$ 100; 2 $+$ 5 $+$ 8 $=$ 15; 500 $+$ 100 $+$ 15 $=$ Rép. 615.
Exercices et problèmes: 101ᵉ, 102ᵉ et 103ᵉ leçon.

IX. Soustraction de centaines et de dizaines pures.

21. Retrancher 30 de 500.
500 $=$ 50 dizaines; 50 dizaines $-$ 3 dizaines $=$ 47 dizaines $=$ Rép. 470.

22. Retrancher 70 de 820.
820 $=$ 82 dizaines; 82 dizaines $-$ 7 dizaines $=$ 75 dizaines $=$ Rép. 750.
Exercices et problèmes : 106ᵉ leçon.

X. Soustraction de centaines, de dizaines et d'unités.

23. Oter 90 de 568.
568 $=$ 56 dizaines $+$ 8 unités;

56 dizaines — 9 dizaines $=$ 47 dizaines ou
470 ; 470 $+$ 8 $=$ Rép. 478.

24. Oter 65 de 329.
329 $=$ 32 dizaines $+$ 9 unités; 65 $=$ 6 dizaines $+$ 5 unités;
32 dizaines — 6 dizaines $=$ 26 dizaines ou
260;
260 $+$ (9 — 5) Rép. 264.

25. Oter 231 de 768.
700 — 200 $=$ 500; 60 — 30 $=$ 30;
8 — 1 $=$ 7;
500 $+$ 30 $+$ 7 $=$ Rép. 537.
AUTREMENT: 76 dizaines — 23 dizaines $=$ 53 dizaines ou 530;
530 $+$ (8 — 1) $=$ Rép. 537.

26. Soustraire 163 de 425.
42 dizaines — 16 dizaines $=$ 26 dizaines ou
260;
260 $+$ (5 — 3) $=$ Rép. 262.
AUTREMENT: 425 $=$ 400 $+$ 25; 163 $=$ 100 $+$
63;
400 — 100 $=$ 300; 300 — 63 $=$
237;
237 $+$ 25 $=$ Rép. 262.
*Exercices et problèmes: 107ᵉ et 108ᵉ
leçon.*

XI. Multiplication de dizaines pures par un chiffre.

27. Combien font 3 fois 60?
60 $=$ 6 dizaines; 3 fois 6 dizaines $=$ 18 dizaines $=$ Rép. 180.
Exercices et problèmes: 110 leçon.

XII. Multiplication de dizaines et d'unités par un chiffre.

28. Combien font 5 fois 73 ?
$73 = 70 + 3$; 5 fois $70 = 350$; 5 fois 3 $= 15$;
$350 + 15 =$ Rép. 365.
Exercices et problèmes: 111e, 112e, 113e et 114e leçon.

XIII. Division avec diviseurs plus petits que 10.

29. Quelle est la moitié de 86 ?
$86 = 8$ dizaines $+ 6$ unités;
La moitié de 8 dizaines $= 4$ dizaines ou 40;
la moitié de 6 unités $= 3$ unités; $40 + 3 =$
Rép. 43.

30. Quel est le tiers de 51 ?
$51 = 2$ dizaines $+ 1$ unité.
Le tiers de 5 dizaines est 1 dizaine, et il reste
2 dizaines ou 20; $20 + 1 = 21$, dont le
tiers est 7 ;
$10 + 7 =$ Rép. 17.

31. Quel est le quart de 112 ?
$112 = 11$ dizaines $+ 2$ unités;
le quart de 11 dizaines $= 2$ dizaines, et il
reste 3 dizaines ou 30; $30 + 2 = 32$, dont
le quart est 8.
$20 + 8 =$ Rép. 28.

32. Quel est le 5e de 730 ?
Le 5e de 7 cents $= 1$ cent, et il reste 2 cents

ou 20 dizaines; 20 dizaines + 3 dizaines =
23 dizaines ;
le 5° de 23 dizaines = 4 dizaines, et il reste
3 dizaines ou 30 , dont le 5° est 6.
100 + 40 + 6 = Rép. 146.
*Exercices et problèmes: 118°, 119°, 120° et 121°
leçon.*

Calcul verbal avec les nombres 1 à 10000.

XIV. Multiplication avec multiplicateurs moindres que 100.

33. Combien font 32 fois 26 ?
32 = 30 + 2 ; 32 fois 26 = 30 fois 26 +
2 fois 26 ;
26 × 30 = 780 ; 26 × 2 = 52 ; 780 +
52 = Rép. 832.
Règle : Pour faire la multiplication par un nombre
de deux chiffres, on décompose le multiplicateur en
dizaines et en unités; on multiplie par le chiffre des
dizaines, puis par celui des unités, et on additionne
les deux produits partiels.

34. Le produit par 11 d'un nombre de deux chiffres
se trouve rapidement en opérant comme il suit :
On fait la somme des deux chiffres et on l'intercale
entre eux.
Combien font 11 fois 35 ?
3 + 5 = 8, que je place entre 3 et 5, ce qui
donne 385.

35. Si la somme obtenue surpasse 9, on joint la dizaine à celle du multiplicande.

Combien font 11 fois 48?

$4 + 8 = 12$, j'écris 2 entre 4 et 8, j'ajoute 1 à 4 et j'ai 528 pour produit.

36. $5 = \dfrac{10.}{2}$ Pour multiplier un nombre par 5,

on le multiplie par 10, et l'on prend la moitié du produit.

Combien font 5 fois 38?

$38 \times 10 = 380$; $380 : 2 =$ Rép. 190;
et préférablement, lorsque le multiplicande est un nombre pair :

$38 : 2 = 19$; $19 \times 10 =$ Rép. 190.

37. Combien font 35 fois 24?

$24 \times 30 = 720$; $24 \times 5 = 12 \times 10 = 120$;

$720 + 120 =$ Rép. 840.

38. $25 = \dfrac{100.}{4}$ Pour multiplier un nombre par

25, on le multiplie par 100, et l'on prend le quart du produit.

Combien font 25 fois 48?

$48 \times 100 = 4800$ ou 48 cents, dont le quart est 12 cents ou 1200;

Ou bien: $48 : 4 = 12$; $12 \times 100 =$ Rép. 1200.

39. $50 = \dfrac{100.}{2}$ Pour multiplier un nombre par 50,

on le multiplie par 100, et l'on prend la moitié du produit.

Combien font 50 fois 36 ?

$36 \times 100 = 3600$ ou 36 cents, dont la moitié est 18 cents ou 1800 :

Ou BIEN, lorsque le multiplicande est un nombre pair: $36 : 2 = 18$; $100 =$ Rép. 1800.

40. $75 = 100 \times \dfrac{3}{4}$—Pour multiplier un nombre par 75, on le multiplie par 100, et l'on prend les trois quarts du résultat.

Combien font 75 fois 32 ?

$32 \times 100 = 3200$; 32 cents $: 4 = 8$ cents ou 800;

$800 \times 3 =$ Rép. 2400;

Ou BIEN, lorsque le multiplicande est divisible par 4:

$32 : 4 = 8$; $8 \times 100 = 800$; $800 \times 3 =$ Rép. 2400.

41. Quand le multiplicande approche d'un nombre rond de dizaines, le moyen suivant peut aussi faciliter l'opération :

On augmente le multiplicande pour en faire un nombre rond de dizaines, que l'on multiplie par le multiplicateur; puis on soustrait du produit trouvé celui que l'on obtient en multipliant les unités ajoutées par le multiplicateur.

Exemple: 68×24.

$68 + 2 = 70$; $70 \times 24 = 1680$; $2 \times 24 = 48$; $1680 - 48 =$ Rép. 1632.

42. Si le multiplicateur peut être décomposé en deux facteurs, il est souvent profitable de faire cette décomposition, et de multiplier le multiplicande par l'un des facteurs, puis le produit obtenu par l'autre.

Exemple : 24×21.

$21 = 3 \times 7$;
$24 \times 3 = 72$; $72 \times 7 =$ Rép. 504.

43. On simplifie aussi une multiplication en doublant l'un des facteurs et en prenant la moitié de l'autre ; on effectue ensuite l'opération sur ces nouveaux nombres.

Exemple : 25×14.
$50 \times 7 =$ Rép. 350.

Exercices et Problèmes : 136°, 137° & 138° leçon.

XV. Division avec diviseurs moindres que 100.

44. Soit à diviser 1920 par 64.

Il s'agit de trouver par quel nombre il faut multiplier le diviseur 64 pour reproduire le dividende 1920, ou le nombre inférieur qui en approche le plus ; ce qui ne peut se faire que par tâtonnements.

Solution :
$$64 \times 10 = 640.,$$
$$64 \times 20 = 1280;$$
$$64 \times 30 = 1920.$$

30 fois $64 = 1920$. Donc $1920 : 64 =$ Rép. 30.

45. Soit à diviser 1456 par 28.

Solution :
$$28 \times 10 = 280;$$
$$28 \times 20 = 560;$$
$$28 \times 30 = 840;$$
$$28 \times 40 = 1120;$$
$$28 \times 50 = 1400.$$

1456 contient d'abord 50 fois 28, et il reste 56 ; en 56, combien de fois 28 ? Je trouve 2 fois.

$$50 + 2 = 52.$$
$$1456 : 28 =$$ Rép. 52.

Exercices et problèmes : 141° & 142° leçon.

Les procédés à suivre pour diviser par 25, 50 ou 75, se déduisent de ceux qui ont été indiqués pour effectuer la multiplication par ces mêmes nombres.

PLAIDOYER

DE M. BLANCHET,

POUR M. FOULON,

DANS L'AFFAIRE

DE LA SOUSCRIPTION NATIONALE.

M. Blanchet a été, dès le début de son plaidoyer, interrompu par M. le Président, qui a présumé que la défense
serait plus nuisible que favorable au client. Cette interruption ainsi motivée a réduit l'avocat au silence ; mais il se
doit à lui-même de publier son plaidoyer tel qu'il devait
le prononcer. Peut-être prouvera-t-il par-là que l'interruption qu'il a éprouvée a été un peu trop précipitée, et
que le plan de défense qu'il s'était tracé n'était point celui
que M. le Président a cru pouvoir pressentir.

PLAIDOYER

DE M. BLANCHET,

POUR M. FOULON,

DANS L'AFFAIRE

DE LA SOUSCRIPTION NATIONALE.

MESSIEURS,

Les Français avaient gémi trop long-temps sous l'empire des lettres de cachet. Alors, *nul citoyen n'était assez grand pour échapper à la vengeance d'un ministre, ni assez petit pour se dérober à l'inimitié d'un commis.* Il n'était point de famille qui n'eût été frappée dans quelqu'un de ses membres. La multitude des maux particuliers produisit le mécontentement général : la haine de l'arbitraire devint une haine nationale. La liberté, que de sages lois ne trouveront jamais rebelle, fut provoquée à comparer ses droits imprescriptibles à des droits usurpés. Les portes d'une prison fameuse s'ouvrirent : de funestes archives, déroulées à tous les yeux, étalèrent le tableau des vengeances particulières, sourdement substituées pendant deux siècles aux justes vengeances des lois.

Un cri unanime s'éleva pour demander des garanties contre ces abus du pouvoir. Suspendues pendant vingt-cinq années d'orages, elles furent enfin proclamées par un monarque qu'avait instruit le malheur. Arche d'alliance entre le peuple et le monarque, la charte sembla devoir apaiser

toutes les passions, calmer toutes les haines. Heureuse la patrie si cette arche nouvelle avait eu, comme l'arche divine, le privilége de frapper de mort quiconque eût osé porter la main sur elle !

Un crime affreux, dont l'isolement est à présent constaté, vint tout à coup consterner la France, effraya le pouvoir, offrit un prétexte à des passions mal éteintes. La nation vit suspendre des garanties qu'elle avait achetées par tant de sacrifices, et qui la consolaient de ses derniers revers. Dans la douleur commune, l'élite des bons citoyens se serre autour de la charte menacée ; ils s'efforcent de corriger les effets d'une loi qui les alarme pour les garanties populaires, qui les alarme surtout pour le trône que l'arbitraire ébranle en feignant de le soutenir. Des mandataires de la nation dans les deux chambres, des avocats dont le barreau s'honore, des hommes recommandables par leurs vertus publiques et privées, tous ennemis intéressés de l'anarchie, se réunissent pour offrir leurs secours à ceux de leurs concitoyens qui deviendraient victimes des lois d'exception ; les journaux publient les projets de la bienfaisance. On n'attaque point l'obéissance due à la loi ; on indique ses abus, on en montre le remède ou du moins l'adoucissement. Mais le pouvoir aime peu la contradiction. On l'éclairait : il s'irrite, et les journalistes avec les commissaires de la souscription nationale sont traduits devant vous, comme prévenus d'une attaque formelle contre l'autorité constitutionnelle du roi et des chambres, et d'une provocation à la désobéissance aux lois.

M. Foulon, éditeur responsable des *Lettres Normandes*, est rangé, par l'accusation, dans la classe des auteurs principaux des délits dont elle poursuit la répression. Je dois examiner, dans l'intérêt de M. Foulon, si la publication qu'il a faite dans les *Lettres Normandes* présente les caractères que l'accusation vous a signalés, et qui, je le crois, ne se sont manifestés jusqu'à présent qu'aux yeux du ministère public.

Et d'abord, je me demande pourquoi les membres de la commission et les journalistes se trouvent placés sous le coup d'une même prévention. Si le fait de chacun d'eux est criminel, pourquoi des accusations individuelles et distinctes n'ont-elles pas été dirigées contre les uns et contre les autres? La raison en est simple : la faiblesse de l'accusation a senti le besoin de chercher un double point d'appui, et de rattacher par la complicité les quinze prévenus les uns aux autres, afin de pouvoir rejeter avec plus d'efficacité le crime des commissaires sur les journalistes, et le crime des journalistes sur les commissaires.

M. Foulon ne peut que rendre grâce au ministère public de lui créer d'aussi honorables complices. Il leur laisse le soin d'écarter cette supposition d'une prétendue complicité. Pour lui, responsable seulement de son propre fait, il se bornera à examiner si, en se considérant comme l'auteur de l'article qu'il a publié, il s'est rendu coupable d'une attaque formelle contre l'autorité constitutionnelle du roi et des chambres, et d'une provocation à la désobéissance aux lois.

Pour élever le premier chef de prévention, n'a-t-il pas fallu substituer l'abus des mots à la force des principes ?

Qu'est-ce qu'une attaque formelle contre l'autorité constitutionnelle du roi et des chambres?

Pour résoudre cette question, il suffit d'avoir remarqué le rang que l'article répressif de ce délit occupe dans la loi du 17 mai 1819. Il est placé sous le titre de la *provocation au crime ou au délit.*

Les articles 1 et 2 de la loi sont ainsi conçus :

Article 1er. « Quiconque, soit par des discours, des cris ou menaces proférés dans des lieux ou réunions publics, soit par des écrits et imprimés, etc..., aura provoqué l'auteur ou les auteurs de toute action qualifiée crime à la commettre, sera réputé complice et puni comme tel. »

Art 2. « Quiconque, par l'un des moyens énoncés en l'article premier, aura provoqué à commettre un ou plu-

sieürs crimes, sans que ladite provocation ait été suivie d'aucun effet, sera puni, etc. »

Ces deux articles déterminent le principe de la pénalité. Le principe de la pénalité, c'est *la provocation* au crime ou au délit. L'article 4, que l'accusation invoque contre nous, déduit les conséquences du principe; il spécifie quelques faits provocatoires. « *Sera réputé provocation au cri-* » *me,* dit l'article 4, *toute attaque formelle* par l'un des » moyens énoncés en l'article premier, soit contre l'invio- » labilité de la personne du roi, soit contre l'ordre de suc- » cessibilité au trône, soit contre l'autorité constitutionnelle » du roi et des chambres. »

La simple inspection de cet article vous convaincra qu'il ne peut exister *d'attaque formelle* contre l'autorité consti-tutionnelle du roi et des chambres, si cette attaque n'est équivalente à une provocation. Telle était aussi l'opinion de l'orateur du gouvernement, lors de la discussion du projet de loi. « Il importe beaucoup, disait-il, d'avertir les magistrats et les jurés qu'ici l'attaque doit être formelle et *équivalente à une provocation.* » L'attaque formelle ne peut être qu'une dénégation du pouvoir que la charte donne au monarque et aux chambres de concourir à la création des lois. Or, on ne vous démontre pas, on ne prétend même pas que les prévenus aient dénié ou contesté l'autorité constitutionnelle. La preuve du fait contraire est victorieusement établie par les termes de l'écrit inculpé, puisque les prévenus donnent le titre de *loi* à la mesure dont ils veulent prévenir l'abus, en reconnaissant son pouvoir.

M. Foulon a critiqué la loi : sa critique a-t-elle été trop amère? Il eût peut-être été permis au prévenu de penser avec l'orateur du gouvernement que « l'article 4 de la loi dont on le menace aujourd'hui, ne devait pas empêcher les discussions loyales sur les limites plus ou moins vagues qui peuvent exister entre les branches du pouvoir législatif, ou sur les formes dans lesquelles peuvent le plus utilement s'exercer ces trois pouvoirs. » En usant de cette faculté,

M. Foulon, à l'apparition de la loi du 26 mars, aurait pu examiner si cette loi était en harmonie avec la loi fondamentale, si elle n'étendait pas les branches du pouvoir législatif au-delà des limites qui leur sont fixées par la constitution. La charte, aurait-il pu se dire, est la source de toute autorité constitutionnelle, de tout pouvoir légitime ; les lois en doivent être l'émanation ; et sans pouvoir, à peine d'inconstitutionnalité, impliquer contradiction avec elle, elles doivent toujours avoir pour but de consolider les droits qu'elle a consacrés. Ainsi la puissance nationale, en élevant la charte dans une région supérieure, a voulu que les pouvoirs qui en émanent ne pussent jamais y remonter pour en altérer l'essence. Point d'autorité constitutionnelle qui ne dérive de la constitution. Ceci posé, M. Foulon, ouvrant la charte, y voit la liberté individuelle, la liberté de la presse. Soudain ces libertés disparaissent, et M. Foulon aurait pu, sans crime, examiner si c'était une main constitutionnelle qui venait de jeter un voile sur la constitution. Il aurait pu, sans crime, dire avec M. Corbière : « La charte n'a pu donner de pouvoir pour se détruire. » Il aurait pu, sans crime, dire avec M. Daunou : « Des pouvoirs constitués par la charte, cessent d'être pouvoirs dès qu'ils agissent contre elle. » Je ne veux point moi-même décider cette grande question ; mais ce que des publicistes d'opinions si souvent opposées se sont accordés à proclamer à la tribune, un écrivain serait-il punissable de le dire dans un journal ?

Mais il n'y a rien de semblable dans l'article incriminé. En se soumettant à une loi émanée des pouvoirs constitutionnels, quoiqu'elle fût dérogatoire à la constitution, les prévenus en ont seulement signalé les dangers. Persuadés *que le plus sûr moyen de consolider le gouvernement est de le faire aimer* (1), ils ont contribué par la publication de la souscription nationale à prévenir les abus d'une loi dont l'unique ressort est la crainte, et que, par cela même,

____

(1) Paroles de M. Laîné de Ville-l'Évêque, durant le débat.

on aurait pu croire exclusive de l'amour. Ils ont donc convié les citoyens à se porter des secours et des consolations réciproques dans un malheur commun. Ils étaient loin de prévoir, en prêchant l'humanité, qu'ils seraient accusés d'avoir contesté l'autorité constitutionnelle du monarque et des chambres. Telle est pourtant la thèse incriminatoire que le ministère public a développée devant vous.

En examinant, abstraction faite de la forme de la publication, le fait que M. Foulon a annoncé par la voie de son journal, y trouve-t-on rien de coupable? Certes, Messieurs, une association qui aurait eu pour but de procurer des secours et des consolations aux criminels atteints par les plus justes lois, n'aurait point encouru la sévérité de la justice. Les magistrats auraient eux-mêmes encouragé la générosité par leur exemple, et après avoir, comme juges, frappé des coupables, on les aurait vus concourir, comme citoyens, au soulagement des malheureux qu'ils auraient faits. Combien de fois n'a-t-on pas vu, dans cette enceinte, le jury, après avoir rempli une tâche pénible, verser entre les mains du ministère public, qui se rendait ainsi complice de leur bienfaisance, des dons qu'ils destinaient à des coupables, dont les crimes n'excluaient pas la pitié? Les mouvemens généreux du cœur n'étaient pas alors sédition et révolte. Un seul jour aurait-il tout changé? Sous l'empire des lois nouvelles, l'humanité réclamerait-elle en vain ses droits, et ne peut-on, sans se rendre complice des crimes incertains des suspects, leur procurer les mêmes secours que la justice autorise en faveur des criminels avérés? Non, l'empire des lois ne changera point le caractère national; il ne bannira pas l'humanité, la générosité, du cœur des Français, et tant que ces sentimens existeront, la souscription nationale isolée de la publication n'offrira jamais rien de coupable, rien d'attentatoire à l'autorité constitutionnelle des chambres, et surtout du monarque, dont la plus touchante prérogative est de tempérer, par la clémence, les rigueurs judi-

ciaires, et qui, dans le partage constitutionnel, a recueilli comme gage de respect et d'amour, un droit illimité de bienfaisance et de pitié.

La forme de la publication présentera-t-elle les caractères de criminalité que la souscription en elle-même ne présente pas? Suivons rapidement l'accusation dans ses détails, et n'oublions pas les circonstances qui ont vu naître l'écrit inculpé. La discussion des plus grands intérêts politiques venait d'agiter nos chambres législatives; les journaux, dans lesquels ces mouvemens s'étaient réfléchis, avaient contracté l'habitude d'une indépendance de langage dont ils avaient puisé l'exemple dans les assemblées représentatives de la nation. Là, ils avaient entendu les accens de l'éloquence protectrice de nos garanties; ils avaient répété ces accens, et quand les lois d'exception étendirent sur eux leur empire, les journaux murmurèrent quelque temps encore le langage que ces lois avaient proscrit. L'article relatif à la souscription fut inséré dans les journaux peu de jours après la promulgation de la loi; faudrait-il donc s'étonner si les journaux avaient exhalé, dans la rédaction de cet article, l'amertume de leurs regrets! Et pourtant, je vais le démontrer, on n'y remarque aucune expression répréhensible, aucune expression qui, à des époques différentes, il est vrai, ne se soit trouvée dans la bouche des députés de l'un et de l'autre côté de la chambre.

Le pouvoir institué pour protéger, est-il dit dans l'article incriminé, a malheureusement abjuré cette noble fonction. Est-ce une attaque formelle contre le pouvoir? est-ce une provocation à contester le pouvoir? Non, c'est la simple allégation d'un fait vrai ou faux; cependant on croira difficilement qu'une loi qui autorise les ministres à enfermer les citoyens à volonté, soit une loi protectrice de la liberté des citoyens.

Les prévenus ont dit que « le déplorable régime sur » la liberté individuelle combiné avec l'irresponsabilité des » ministres et la responsabilité illusoire de leurs agens, avec

» l'extinction de toute publicité, les violations multipliées de
» la charte, révélait un système complet d'arbitraire, qui
» laissait la nation sans aucune garantie, et plaçait chaque
» citoyen hors de la protection de la charte. »

Vous voyez, Messieurs, que, bien loin d'attaquer l'autorité constitutionnelle, les prévenus combattent, au contraire,
pour cette autorité, puisqu'ils signalent les violations de la
constitution ; vous voyez qu'une loi d'exception isolée, que
des circonstances impérieuses ont pu nécessiter, est bien
moins l'objet de leurs critiques, que le concours des mesures inconstitutionnelles. On conçoit que si les allégations des
prévenus étaient totalement dénuées de fondement, il serait
possible de penser que ces allégations, sans attaquer formellement l'autorité constitutionnelle, seraient toutefois dictées
par la malveillance ; mais si la vérité de leurs assertions était
démontrée et incontestable, il deviendrait difficile de motiver sur ce récit exact de faits, une accusation raisonnable.

Les ministres sont irresponsables, disent les prévenus. On
pourra leur reprocher la fausseté de leur allégation, quand
on leur aura montré la loi que la charte a promise, et qui
devait spécifier la nature des délits imputables aux ministres, en déterminer la poursuite. Mais si la France attend
ces lois depuis six années ; si, depuis six années, les ministres responsables de droit, sont irresponsables de fait ; si
cette irresponsabilité doit s'étendre aux abus de la loi nouvelle, qui, par elle-même, est tant susceptible d'abus, les
prévenus auront été excusables de considérer l'irresponsabilité ministérielle comme une raison de publier la souscription nationale.

La responsabilité des agens des ministres n'est-elle pas
illusoire ? Par une bizarrerie inconcevable, n'est-ce pas, en
quelque sorte, aux ministres eux-mêmes que l'on devrait
demander l'autorisation de poursuivre la réparation des injures qui pourront être commises en leur nom, sous l'empire de la loi suspensive de la liberté individuelle ? n'étaitce pas un second motif de publier la souscription ?

L'article 8 de la charte reconnaît aux Français le droit de publier leurs pensées, et les journaux leur offraient le moyen d'une publication facile. La censure dispose des journaux ; mais rigoureusement, M. Foulon a eu tort de parler de l'extinction de toute publicité ; si les Français ne peuvent plus resserrer en quelques lignes leurs plaintes dans un journal, il leur est loisible de faire des livres, et de donner ainsi à leurs griefs tout le développement et toute la publicité convenables. Sous ce rapport, la censure est même favorable aux intérêts des citoyens ; il fallait respecter la censure.

La liberté individuelle est garantie par la charte, et une loi ravit à la France, de toutes ses garanties, la plus importante, et sans laquelle, ainsi que vous l'a dit le ministère public, la constitution ne serait plus qu'un vain mot.

Les prévenus auraient pu croire que ces lois d'exception étaient des violations de la charte, et que des lois suspensives de la constitution n'étaient point placées sous la protection de l'article 4 de la loi du 17 mai, qui ne protége que les autorités constitutionnelles. Cependant les prévenus se sont soumis aux erreurs mêmes du pouvoir, que des circonstances funestes ont fait sortir de ses limites. Loin d'attaquer l'autorité des lois nouvelles, loin de dénier cette autorité, ils ont supposé leur exécution, en manifestant l'intention d'adoucir, par la bienfaisance, des mesures dont la rigueur n'est point contestée. Prévoir et prévenir les abus d'une loi, n'est-ce point en reconnaître l'existence, n'est-ce point proclamer qu'elle est obligatoire pour tous ? Pourquoi prévoir et prévenir les abus d'une institution, quand on l'attaque formellement, c'est-à-dire quand on a le désir et l'espoir de la renverser ? Que l'accusation soit donc conséquente avec elle-même ; l'incohérence de ses propositions est la plus forte preuve de leur faiblesse : elle démontre que le premier chef de prévention repose sur une base ruineuse, ou plutôt qu'il ne repose sur aucune base.

Après avoir écarté le premier chef de prévention, je cherche, dans l'écrit incriminé, le caractère d'une provocation à la désobéissance aux lois.

La simple annonce de la souscription nationale ne suffit pas, sans doute, pour constituer ce délit, à moins que le ministère public ne soit réduit à prétendre qu'en donnant aux citoyens l'espoir d'être secourus dans leurs malheurs, on les provoque à se rendre suspects, et à se faire enfermer pour subir la torture du secret. S'il en est ainsi, traduisez devant vous la commission centrale pour l'amélioration des prisons. En préparant aux détenus des prisons plus saines, un traitement plus doux, ne les provoque-t-elle pas à se faire enfermer pour jouir des douceurs qu'on leur prépare ?

Il est inutile de pousser plus loin la comparaison ; vous ne croirez pas que l'annonce d'une œuvre de bienfaisance puisse constituer un délit. Trouvez-vous ce délit dans la forme de la publication ? M. Foulon critique, il est vrai, la mesure d'exception contre la liberté individuelle ; mais remarquez que le droit de critiquer les lois et les institutions qui nous régissent, est inséparable du gouvernement représentatif. Sous ce gouvernement, les lois appartiennent à tous les citoyens, chacun en peut faire la censure afin de prévenir les abus des mauvaises lois : car il peut y avoir de mauvaises lois.

Eh bien, si M. Foulon a dit que « l'arbitraire, revêtu de la forme de loi, ne prescrivait point contre les lois éternelles que Dieu a gravées dans tous les cœurs », le despotisme seul pourrait lui faire un crime d'avoir annoncé que son triomphe ne serait pas éternel ; et le gouvernement, après avoir, par l'organe des ministres, avoué l'arbitraire des lois qu'il a demandées, le gouvernement ne veut pas, sans doute, que l'on croie à l'éternelle durée des lois arbitraires.

« L'humanité et la justice, dit M. Foulon, sont évidemment méconnues dans les dispositions d'une mesure qui livre la liberté, la fortune, l'honneur, la réputation, la santé, la raison et même la vie des citoyens, à la merci de la politique, de la haine, de la vengeance, de la corruption, de la bassesse, de l'intérêt, de la peur, de tous les caprices, de toutes

les passions de quelques individus principaux, et d'une foule d'agens et de fauteurs de l'arbitraire ». Mais M. Foulon a cru que cette critique de la loi était justifiée par les refus des garanties que semblait peut-être exiger l'humanité, pour l'application d'une loi si terrible.

La justice, a-t-il pu se dire, est méconnue par la loi nouvelle, puisque, par une exception aux règles ordinaires, les lettres ministérielles, en vertu desquelles on arrête un suspect, ne font pas mention du délit dont on le soupçonne; puisqu'on ne lui fait point connaître à lui-même les causes de son arrestation.

L'humanité est méconnue par la loi nouvelle, puisqu'on ne s'est pas engagé à procurer à des citoyens *détenus au secret,* une nourriture supportable; puisqu'on ne permet à aucun ami ou parent du suspect de s'enfermer avec lui; puisqu'on ne prévient point sa famille de son arrestation, ou de sa mort, s'il décède en prison.

Trouve-t-on, dans cette critique que M. Foulon a faite de la loi, une provocation à lui désobéir ? L'humanité et la justice sont méconnues par elle, voilà ce qu'a dit M. Foulon, en usant du droit que l'orateur du gouvernement a reconnu aux écrivains. « On peut, disait-il, contester la justice et la » convenance d'une loi pénale comme de toute autre loi ; » on peut en demander le changement. » M. Foulon n'a pas fait autre chose : il a contesté la justice et l'humanité de la loi nouvelle.

Après avoir signalé les vices de la loi, les prévenus ajoutent : Lorsque le pouvoir institué pour protéger abjure malheureusement cette noble fonction, l'humanité ordonne à tous les membres d'un état libre de se réunir : pourquoi ? pour résister à l'exécution de la loi? non ; pour porter appui et consolation à l'opprimé. Voilà , ainsi que vous l'a dit un des orateurs qui m'ont précédé , une étrange provocation à la désobéissance aux lois !

Mais , dira-t-on, et c'est ici l'argument favori du ministère public , les lois n'oppriment jamais, et M. Foulon a

.eu tort d'annoncer que les secours de la commission se-
saient accordés *aux victimes* de la loi suspensive de la liberté individuelle. Je réponds en niant le principe. Si une
loi rétablissait demain la torture, diriez-vous que la loi n'op-
prime jamais? N'était-ce pas aussi des lois qui, en 93, en-
voyaient à l'échafaud des milliers de victimes? Direz-vous
qu'alors les lois n'étaient pas oppressives?

Le ministère public vous a dit, il vous a souvent répété
que les journalistes avaient confondu, sous le nom de *victimes*, les innocens et les coupables; qu'ils avaient offert
une prime d'encouragement à tous les scélérats qui pou-
vaient méditer contre la personne de nos princes le crime
affreux dont Louvel leur a donné l'exemple. Messieurs,
vos consciences vous ont signalé l'erreur involontaire, sans
doute, mais pourtant évidente, du ministère public. Promettre des secours aux victimes, est-ce promettre des secours aux coupables? A-t-on jamais dit que les coupables
fussent les victimes des lois?

A quoi se réduit l'accusation? On reproche à M. Foulon
d'avoir attaqué l'autorité constitutionnelle du roi et des chambres : il a au contraire défendu cette autorité contre les en-
vahissemens du pouvoir ministériel; d'avoir provoqué à la
désobéissance aux lois : il a, au contraire, encouragé au
respect des lois, en ne promettant des secours qu'à ceux qui
auraient été injustement frappés par les mesures d'exception, qu'à ceux qui en auraient été *victimes*.

Quel est donc le secret motif des accusations multipliées
dont les écrivains sont depuis quelque temps devenus l'objet? Voudrait-on frapper d'une terreur muette tous les amis
d'une sage liberté? Jusqu'ici, des accusations partielles
avaient poursuivi les défenseurs des institutions écrites dans
la charte, les adversaires des lois d'exception. Ils signalaient
des abus : on les accusait d'attaquer la personne du monarque ou l'autorité des chambres. Ils critiquaient des lois qui
leur paraissaient contraires à la loi fondamentale : on trou-
vait dans leurs critiques des provocations à la désobéissance

aux lois. Le jury partageait rarement l'opinion du pouvoir accusateur, et le pouvoir accusait le jury lui-même, déplorait le scandale de l'impunité, proclamait le jury peu capable de connaître des délits politiques, et se montrait disposé à calculer sur le nombre des condamnations, le degré de son estime pour les juges.

Aujourd'hui des prévenus ne sont pas isolément traduits devant vous. Qui a pu déterminer l'éclat de ces accusations accumulées? Pourquoi, d'un autre côté, les premiers *coupables*, les vrais auteurs de la souscription, les députés, n'ont-ils pas été poursuivis? S'est-on flatté d'obtenir des condamnations plus faciles contre des hommes privés, et de faire rejaillir sur une partie de la chambre la défaveur d'un jugement prononcé contre de simples particuliers? Veut-on frapper les *complices*, pour flétrir les *auteurs*, en paraissant respecter leur inviolabilité? Ces calculs, s'ils ont pu exister, seront déçus; vainement le pouvoir aurait-il essayé d'altérer votre noble institution, d'opposer les opinions politiques des juges aux opinions des prévenus; ministres des lois, vous avez sacrifié à la justice toutes les passions humaines. L'arbitraire pourra se débattre au pied de ce tribunal auguste : vous imposerez silence à ses conseils; vous vous souviendrez que les jugemens ne doivent effrayer que le crime, et jamais l'innocence.

Ainsi, Messieurs les jurés, au milieu des malheurs de la patrie, si toutes les libertés des citoyens devenaient un instant la conquête du pouvoir, si la presse était enchaînée, si toutes les garanties sociales étaient brisées, du moins, en portant leurs regards sur vous, les Français pourraient se dire : Nous n'avons pas tout perdu; le jury nous reste encore.

DE L'IMPRIMERIE DE PLASSAN, RUE DE VAUGIRARD, N° 15,
DERRIÈRE L'ODÉON.